U0932600

三つの視点から見た日本民法の研究：30年、60年、120年

大村敦志（おおむら あつし）

从三个纬度看日本民法研究

——30年、60年、120年

[日]大村敦志◎著
渠涛 等◎译
渠涛◎审校

中国法制出版社
CHINA LEGAL PUBLISHING HOUSE

译者序

《中共中央关于全面推进依法治国若干问题的决定》是中国今后法治建设的航向标，意义重大而深远，而其中提到的“编纂民法典”这五个字使中国民法学界兴奋不已！民法典的制定是中国几代民法学人怀揣已久的抱负，可以说是民法学人的中国梦！

长期以来，民法典编纂的相关问题一直是民法学研究的热点。当下，各种以民法典编纂为题材的学术活动更是开展得如火如荼。在这样的背景下，我们将大村敦志教授多年来对民法学研究的一些成果翻译成册出版，目的在于为中国的民法学研究，为中国民法典的编纂提供一枚“他山之石”。

正是因为如此，这本以小篇幅论文汇集成册的论文集所收录的只是大村教授浩瀚的民法研究成果中关于立法论研究的精华。其中，有些曾经在国内的刊物上发表，有些则是初次在中国与读者见面。

大村敦志（OMURA ATSUSHI），1958年出生于千叶县；1982年在东京大学法学部（本科）毕业后直接就任该学部助手；在完成助手任职后直接留校，在法学部先后任副教授（1985年）、教授（1992年），2010年开始担任法律实务人才培养专业主任（法科大学院长）。

在民法学研究方面，大村教授涉猎的领域极广，现已出版的专著、合著、译著以及发表的论文和判例评析等成果可谓汗牛充栋；特别是对新出现的社会问题非常敏感地及时作出极富针对性地深入研究，例如，消费者问题，在日外国人的权利能力与行为能力，未成年人的法律保护，成年监护制度设计，等等。

长期以来，大村教授的比较法研究对象是法国法。他曾于1987年~1989年作为法国政府奖学金留学生在巴黎第二大学学习，另于1999年~2000年以“日本文部省在外研究员”身份在巴黎第2大学从事研究工作。另外，他曾于2011年~2012年间先后在哥伦比亚大学和巴黎第2大学任客座教授。进入21世纪以后，大村教授开始重视对亚洲法的研究，其主要研究对象是韩国和中国。在中国的学术活动主要体现在自2005年开始参加每年召开的中日民商法研究会（至今只在2012年缺席过一次），以及于2011年10月至11月间在中国各地进行过的访学。在韩国的学术活动主要体现在于2008年开始一直担任成均馆大学客座教授，以及参加各种不定期的学术会议。特别值得介绍的是，他作为主要发起人之一，于2011年促成了由日本私法学会、韩国私法学会、中国民法学研究会、中国台湾地区财团法人民法研究基金会联合成立的“东亚民法研究会”。该研究会至今分别在首尔、东京、吉林延吉、台北分别举办过四次大型研讨会，可期待成为今后东亚民法比较研究中最为重要的平台。

在法律专业学会方面，大村教授曾在日本私法学会任干事，运营恳谈会委员、理事，日法法学会任干事、企划运营委员会委员、理事，法与教育学会任理事长（会长），国际比较法学会准会员，日本学术会议连携会员等。

在社会活动方面，大村教授作为法制审议会的干事，曾在民法部会财产法小委员会、同部会成年监护小委员会、生殖辅助关联亲子法制部会、保险法部会，以及现在的民法（债权关系）部会中参与过相关法律修改等立法工作。此外还担任过不动产登记法部会委员、户籍法部会委员、民法成年年龄部会委员、儿童虐待关联亲权法制部会委员和部会长代理、法教育推进协议会座长、司法考试审查委员、新司法考试审查委员、国民生活审议会委员和该审议会消费者生活部会委员、消费者厅公益通报者保护专门调查会专门委员、东京都消费者生活对策审议会委员、厚生劳动省社会保障审议会看护保险部会委员、文化审议会著作权分科会委员等。

从前面的介绍中可以看到，大村敦志教授既没有读过硕士课程，也没有读过博士课程而是大学本科毕业后直接留校作了“助手”，并在助手任期届满后直接留在东京大学作了副教授，属于纯粹的实力派学者①。在日本民法学界，历来有东西两大学派之分，即“东”以东京大学为代表，“西”以京都大学为代表。历史上曾有过“东有我妻荣，西有末川博”；“东有星野英一，西有北川善太郎”之说；而作为东西两学派年轻学者的代表现在也有“东有大村敦志，西有山本敬三”之说。由此可见，大村敦志在日本民法学界的地位相当了得！

学者的名气是无法用空穴来风吹出来的，我们衷心期望能够通过这本小集子为我国民法学界了解大村敦志的民

---

① 日本法律专业的精英路径并不是从本科到硕士、博士，更没有什么“博士后”，而是大学本科毕业后被选任作“助手”。助手期间除协助教授作学术以及教育的辅助工作外，最重要的任务是必须在任期内完成一篇“助手论文”，而这篇“助手论文”基本须达到博士论文的水准。助手与硕士博士课程的研究生之间的区别，已故星野英一教授在一篇访谈录中作出过最为简明地回答：两者需要做的事情没有区别，即主要是学习和研究，但助手是别人给你钱做，研究生是要给着别人钱做。助手在任期结束后，一般是到其他大学作为副教授就职，留在本校就职的可谓凤毛麟角。另外，日本虽然也是重视学历的社会，但有很多名人都是“大学中退”，即连大学本科都没能修满。然而，这些人“没能修满”的原因并非因个人能力不及，而是在大本期间已经在某一专业领域做得风生水起，或者被国家政府的重要部门选中直接就职。不言而喻，花着钱学习，不如拿着钱做事，况且，即便是修满本科课程，还不是为了找份好工作？而好工作现在就已经可以到手，傻子才会选择继续学习。当然，之所以能够这样，其背景上还有一个日本的“终身雇佣制”，以及行业内对特别人才的特别经历的认可机制。

法学思想和理论提供一点实实在在的资料，同时更希望其中的研究成果能对中国的民法学研究和民法典立法起到应有的作用。

最后，我们衷心感谢在学术出版日渐艰辛的今天，欣然惠允此书出版的中国法制出版社，感谢总编刘时山先生对这本小集子的关注；感谢潘孝莉女士为编辑付出的辛劳！同时，由于我们的翻译水平有限，文中如有错译、误译、漏译之处，敬请各位前辈、同仁、后学给予批评指正。

译者代表　渠涛

2015 年 2 月 1 日

序　言

本书是以一个民法学者的视角回顾日本民法典制定以来的民法研究史，以期揭示其特色所在。正如本书副标题“30年、60年、120年”所示，本书考察立足于短期、中期、长期这三个节点，而这三个节点又正分别意味着日本民法学的过去、现在、未来。

第1部“日本民法研究的30年”，收录了本人在北京曾作过的4个讲演作为正论，同时增录了3个学术报告作为辅论。其内容是本人过去对民法研究的成果。这部分主要考虑通过展示这30年来本人所关心的问题的推移，揭示日本民法学界这一阶段所关心的问题。副标题“研究的对象”正是出于这一目的所附。

这4个讲演承蒙渠涛教授（中国社会科学院）和韩世远教授（清华大学）惠助得以“近30年来日本的民法研究”为题在《清华法学》2012年第6卷上发表。另外，本人正在计划以这4个讲演为基础，与小粥太郎（一桥大学教授）

共著一本《民法学を語る（谈民法学）》（暂定名）在日本由有斐阁出版社出版。

第2部“日本民法的60年”收录的是关于物权法和继承法的两个讲演稿和一个学术报告。这部分有两层意义：一是为补充第1部涉及的契约、不法行为以外的法领域的研究情况，二是揭示二战后的日本民法特色。

一方面可以看到，战后的日本物权法学曾显示出的一种强有力的趋势是，即便或多或少地削弱交易安全也要保护不动产的利用；而另一方面又可以看到，战后的继承法面临着源于其先天不足——废止战前作为基本形态的“家督继承”，进而以本来仅作为附随性存在的继承形态进行了统一处理——而导致的各种各样的问题。在对日本民法研究中，理解这些“过去”制度的经纬是不可或缺的。正是考虑到这一点，在这一部分的标题上附加了“研究的前提”。

第3部“日本民法研究的120年”，收录的是在上海作过的两次讲演和与之相关的4个学会报告。这两个讲演分别是对日本民法在20世纪的研究和对21世纪的研究进行的总结，两者加起来正好是对日本民法研究120年的总结。

这里所揭示的主要是日本民法学在方法上的特色，故此加上了“研究的方法”这一副标题。

此外，需要对第3部中收录的学会报告的Ⅰ辅论1和Ⅱ辅论3作一点说明。首先，前者聚焦于20世纪日本民法学曾经有过（但最近已经被淡漠了）的对社会问题的高度关心，旨在提醒人们应该将这一点继承下去。与此相对，后者是在回顾目前只待“临门一脚”的债权法修改工作过程的基础上，阐述本人对解释论和立法论的方法的相关见解。从这层意义上说，这部分是对日本民法学“将来”的展望。

东亚各国和地区的经济文化往来源远流长，很难想象谁能脱离开谁考虑问题。仅就法学领域而言，日本与中国都有自己的固有法（传统法——译者），又同时在继受西方法，而且在继受大陆法的法典化方面也是共通的。两国间就实定法以及法律修改等现状，比以前有了更多的信息共享，学术交流也日益繁荣。可以说，渠涛教授长期以来努力推进的中日民商法研究会在这方面发挥了重要的作用。

当然，为了今后能够从更根本的层面上做到真正的相互理解，恐怕就不能仅限于讨论实定法上的异同。我们一方面需要对其产生的社会背景加深理解；另一方面更渴望能够对于在实定法上有形或无形产生着影响的法学思考模式予以关注。

本书只是在民法学这一有限的领域，从一个研究者个人观点出发就日本法学的实际情况作出陈述的一孔之见。因此，仅通过阅读本书当然不能完全明了日本民法学的特色。但是，如果从日本和中国同样在21世纪需要向往实现市民社会这一角度出发，作为“市民社会基本法”的民法应该在其中占有重要的地位。首先，以这种意义上的民法为对象的民法学的具体情况对于考虑其他领域法学的具体情况会起到参考作用。虽然本书所呈现的不过是我本人的经验和观点，但这里除了我本人之外，理应还体现出了一个时代的民法学特色。进言之，这种民法学的状况还从一个侧面反映了日本社会的情况。

从这个角度说，本书的对象不仅限于民法学者，本人更期待得到更广泛的读者给予的关注。尤其是，如果能够得到肩负明天实现市民社会重任的年轻人的关注，可谓幸莫大焉！

本书收录的小稿均为在中国以民法研究和研习人员为对象的讲演和学会上作过的报告。具体说就是，2011年10月在中国访学的3周里在北京、哈尔滨、大连、上海作过的一系列讲演和2005年自第5届武汉会议一来尽可能多地参加过的中日民商法研究会上作过的报告。这些讲演和学会报告均得到了渠涛教授的关照，口译和笔译基本上也都是由他安排的。此次能将这一系列的讲演和学会报告编辑成册也是完全仰仗渠教授之鼎立惠助所赐。在这里请允许我对渠教授多年来给予的友情、照顾、帮助表示衷心的感谢！

此外，本书得以成行还需要感谢诸多位前辈、同仁和朋友。首先要向以梁慧星（中国社会科学院）为首的中日民商法研究会表示感谢，感谢各位在我每次参会时给予的多方照顾。其次，衷心感谢在我于2011年10月在华访学时惠赐关照的刘凯湘教授（北京大学），姚辉教授（中国人民大学），韩世远教授（清华大学），董惠江教授（黑龙江大学），翟云岭教授（大连海事大学），段匡教授（上海复旦大学），季卫东教授和顾祝轩教授（上海交通大学）。还有，其他给予过我帮助的各位，在此一并表示感谢！

最后，衷心感谢在学术出版日渐艰难的今天为此书出版付出辛劳的中国法制出版社总编刘时山先生和具体负责编辑工作的潘孝莉女士。

大村敦志谨识

2015年元旦

渠涛译

前　言

日本民法近30年来，以1998年时逢日本民法典实施100周年为节点，其前后的主流研究从解释论转向立法论，并分别通过单行法立法和民法典修改对现行民法制度进行了大规模改造。特别是现在进行中的债法修改更是欲对日本民法进行可谓脱胎换骨的改造。本文正是以日本民法急剧变动的历史为背景，结合自身研究对日本民法学这段历史的立体素描。

本人从东京大学法学部毕业后进入民法研究世界是在1982年，今年正好满30年。关于近30年日本民法的研究动向，我曾经在2010年刊行的日本的杂志上对其特征做过总结[①]。这次来中国有幸得到几次作报告的机

① 参见：拙文“民法の30年+30年－変化する法典と法学”，载《法学教室》2010年10月号。

会[①]，我也想借此回顾一下自己30年来的研究历史，将自己研究过的问题分几个题目归纳总结并做进一步的探讨。当然，我个人所涉猎到的研究课题是有限的，自己的研究历程绝不能概括这30年日本民法学历史的整体。但是我想，通过考察一个学者在30年研究生活中曾对什么样的问题抱有过兴趣，或者可以看出这30年日本民法学界历史的一个侧面。

我本人主要的研究领域，按照所展开的先后是契约法、消费者法、亲族法、民法总论。从民法的体系考虑，本文将这次在北京作过的四个报告，以民法总论、契约法、侵权法、亲族法为序依次排列，作为我30年来对民法研究的些许感悟报告给中国学界，期望能够以此为契机，与中国的同行们展开更深入的交流。

渠涛译

① 本人于2011年10月在中国作短期学术访问。期间，有幸先后在中国社会科学院法学研究所（10/11）、中国人民大学法学院（10/12）、清华大学法学院（10/14）、北京大学法学院（10/16），分别就“民法典的意义、对象、编成”，“‘人法’的重构与不法行为法”，“契约正义与公序良俗·典型契约”，“婚姻家庭与非婚姻家庭”作过学术报告。这些报告在准备阶段即考虑到了体系性，现将其作为一篇归纳整理。另外，想借此版面，向为我安排各个报告机会的孙宪忠教授、姚辉教授、韩世远教授、刘凯湘教授和马亿南教授以及渠涛教授等各位表示衷心感谢！特别是这次承蒙渠涛教授在百忙中为我每次的报告以及本文做翻译工作，深表谢意。

目　录

第一部分　日本民法研究的30年
——研究的对象

第二部分 日本民法研究的60年

——研究的前提

第三部分　日本民法研究的120年

——研究的方法

第一部分
日本民法研究的 30 年

——研究的对象

Ⅰ. 正论：民法典的意义、对象、编成[①]

一、引言

1990 年代末至 2000 年代，我的研究重心是民法总论。我在 2001 年出版，并已在中国翻译出版的《民法总论》[②] 中列举了五个题目。这就是，民法的历史、民法的内容、民法的任务、民法的研究、民法与现代社会，而我在民法总论领域最关注的则是民法及民法典论和法学教育论。我对这两个课题的最初研究成果体现在已经收录进我的论文集《法典、教育、民法学》（1999）中的“民法与民法典的探讨”（1996 年）和“现代日本的法学教育”（1997 年）这两篇论文之中。其中，民法和民法典论与现在正在进行的日本民法修改有密切关系。关于这一点，在我最近出版的《民法修改探考》（2011 年）中也进行了讨论。

---

① 作者曾就本文的内容于 2011 年 10 月 11 日在中国社会科学院法学研究所讲演。

② 参见：[日] 大村敦志著，江溯、张立艳译，王轶校订《民法总论》北京大学出版社 2004 年版。

这篇报告主要联系现在进行的日本民法修改，谈民法典的意义、对象及编成。

下面，先谈民法典的对象和编成，然后再谈民法和民法典的意义。最后，简单谈一下东亚民法修改的动向以及民法与教育之间的关系。

二、民法典的对象与编成

（一）从“债权法”到“契约法”

1. 现状——关于编成的讨论

法制审议会民法（债权关系）部会于2009年设立，以后至2011年4月进行了多次审议。其结果是归纳出了一个“关于民法（债权关系）修改的中间性论点整理”。在这里共提出了63项问题，其中最后一个是“第63项——规定的排列”。具体地说就是：（1）将法律行为、消灭时效的规定移至债权编；（2）将债权总则与契约总则合并。

这个问题在法制审议会中基本上没有引起争论。实务家关注度也不高。但是，在法制审议会审议之前，学者课题组（民法〈债权法〉改正检讨委员会）的讨论中曾经就此引发过激烈的争论，从这一点看，这个问题可能在理论界会引起高度关注。其理由是，第63项列举的这两点对现在的民法典编成做了很大的修改。

2. 传统——关于编成的经验

现行民法典的编成（潘德克顿方式）对法律家姑且不论，对市民来说是一种高深难懂的结构，这一点很早就有人提出过批判。比如，关于买卖契约的规定——既有总则编的法律行为部分，又有债权编总则部分，还有分则中契约总则部分，另有契约分则部分中的“买卖”——就分散在四个地方。

现在正在进行的“债权法修改”的对象是债权编中侵权行为等法定债权以外的部分，以及增加总则编中的法律行为、消灭时效的部分。它的实际意义应该说是在于寻求“契约法”的修改。如果是这样，在民法典的编成上也应该将契约法作为完整的“契约法”，尽可能以统一归纳形式来配置才是最为理想的。在这一点上，中国的“合同法”是非常值得我们参考的。

关于这一点，日本学说之中很早就有反对脱离潘德克顿体系的观点。但是，在日本，自 20 世纪 20 年代末弘严太郎的《民法讲话》和穗积重远的《民法读本》出版以来，以一般读者为对象的不按日本现行民法典编别做内容排列的民法教科书已经大量出版。1940 年代出版的我妻荣《民法大意》、1990 年代出版的星野英一的《民法“财产法”》等即是其典型。

特别值得关注的是，基于这些学界研究的积累，有别于潘德克顿体系的民法典编成，由日本的民法学者在国外进行了尝试。这就是2007年的柬埔寨民法典。它是由日本的所谓“立法整备支援”项目资助起草制定的，其编别与我妻荣的《民法大意》的编别相近似。

这种近一百年来学说上的努力，恐怕不应该仅限于在国外，也应该将其反映到日本国内立法上来，同时由此来实现“国民易懂的民法”。这些都是我以前在各处讲演中以及我撰写的出版物上反复重复过的观点[①]。

（二）从普遍的“人”到有差异的“人”

1. 现象——民商统一论与消费者法的出现

纵观世界，在进入20世纪后制定的新民法典中，采用潘德克顿方式的例子很少。例如，20世纪初制定的瑞士民法典，20世纪末制定的荷兰民法典以及魁北克民法典都采用了独自的编成。

20世纪民法典中还有一个突出的特征，这就是民商统一法典化和与消费者法的统合。众所周知，作为前者的例子是瑞士债务法典和意大利新民法典。在这一点上，美国的UCC也没有对民商进行区别。作为后者的例子有荷兰民法典和魁北克民法典以及德国新债务法。

在日本的债权法修改过程中，引起争论的一大焦点是

---

① 参见：拙著《民法改正を考える》（岩波新書，2011年），另参见：拙文“法教育からみた民法改正－民法典·民法学と法教育·その1”，载《NBL》第940号（2010）。

"论点整理"第 62 项的"关于消费者、事业者的规定"。在是否将关于消费者的规定放置到民法典中的问题上，特别是与产业界以及与消费者相关的政府部门以及律师中的一部分人表示了强烈反对。

2. 原理——市民社会究竟是什么样的社会

产业界对此反对，恐怕是出于对加强消费者保护这一动向的警惕；而与消费者相关的人们对此反对，恐怕是源自对消费者法独立性的保护。本来作为相互对立的人们采取了一致的态度赞成民法与消费者法分离，这一点令人不可思议。但是，从这里我们可以看到他们共通的思路。他们的思路是，消费者问题就应该作为消费者问题，不应该放在民法典这种一般法中，而应该由特殊利害关系人之间参与的、作为特别法的消费者法予以处理。同样的思路在劳动契约中也可以看到。

如果这种思考方法进一步扩大，那么就应该是个别问题都应到各种个别的法中去解决。如果真是这样的话，民法典中还能剩下什么呢？民法既然被称为"市民社会的基本法"，如果不将商业交易和消费者交易的存在考虑进去，这种"市民社会"将会成为什么样的社会呢？而时至现代，恰恰是商业交易和消费者交易在交易中占有中心地位。如果民法典不对这些交易的方法显示出关注，难道这还能称之为"市民社会"的基本法典吗？这一点也是我曾经反复强调过的。

三、民法和民法典的意义

是否应该将民法典的编成体系做得简单易懂，同时将商业交易和消费者交易规定的一部分放入民法典，这一问题涉及到如何理解民法和民法典的意义。

（一）民法和民法典的定位——定义问题

1. 以往的见解——“私法一般法”和“资本主义社会经济的法”

以往日本将民法定义为“私法一般法”或者是“资本主义社会经济的法”。

前者是显示民法在法体系中的地位。稍后将会谈到，何谓“私法”是一个大问题。另外，所谓“一般法”不过是表示一种与商法的区别。无论哪一个都是形式上的定义，并不是显示民法调整内容的定义。因此日本有代表性的国语辞典一直采用的是这样的定义。但是，现在则转向了以重视“与财产和契约、家庭和继承相关的法”为内容的定义。但是，这个定义也不能够说明上述这些内容为什么一定要规定到民法中。后者的定义显示的是民法与法以外体系之间的关系。然而，20世纪后半叶的日本民法学强烈地受到马克思主义的影响，这一定义表现出了浓厚的经济中心主义的色彩。当然，民法的各种制度是资本主义经济的基石，但不能仅以它来概括资本主义经济的全部。

2. 新观点——“作为公事的民法”和“市民社会的基本法”

对以上观点，从 90 年代后半期开始有人提出从民法的政治性角度对其进行定义的观点。我本人自 1996 年发表前述题为“民法与民法典的探究[①]”的论文以来，一直在努力说明，民法的内容强烈受其社会形态左右，因此会有什么样的民法典更多地取决于政治性因素。反过来说，要想将民法作为构成社会关系的基础，最理想的就是将一般市民共同关心的问题规定到民法典中。正因如此，才可以说有必要将民法制定成一般市民也简单易懂的编成体系，并应该将商业交易与消费者交易也作为其调整对象。

这种观点与星野英一教授（日本学士院院士、东京大学名誉教授）的《民法劝学》[②]具有异曲同工之处。此外，最近法制史学者水林彪教授（一桥大学）也提出了基本相同的观点。水林教授认为将“Code civil”用汉字翻译为“民

---

① 参见：拙文“民法と民法典を考える——‘思想としての民法’のために”，载《民法研究》第 1 卷（1996）。

② 参见：星野英一著《民法のすすめ》（岩波书店，1998 年），中文版：张立艳译、于敏校，《民法劝学》北京大学出版社，2006 年版。

法典”并不确切，应该译为“国法典”[①]。

的确，翻译用语的问题非常重要，最近我也指出了几处翻译西方法律用语上的日语用词问题。

（二）民法与民法典的思想——翻译用语问题

1. 何谓私权——民权？或者转向市民的权利

我曾经在“作为市民性权利法的民法”这篇论文中提出，将“droits civils”译为“私权”似乎不太确切[②]。这个问题也可以称之为“私权”的内涵应该作何理解的问题。这一点当然与“私法”的意义也有关联。

以往人们一直将“私法”和“私权”理解为是个人与个人之间的关系，即关于私事的法和权利。但是，个人与个人之间的关系并不仅限于私事。或者说私事经常带有公事的性质。法国民法典中所说的“droits civils（市民性权利）”是指“droits politiques（政治性权利＝参政权）”以外的所有的权利。因此这里包括作为市民的各种自由（信教自由、言论自由、表现自由、结社自由……）和作为市民的平等。

日本民法典的起草人之中，既有对这种观点提出异议

① 参见：水林彪“近代民法の本源的性格——全法体系の根本法としてのCode civil”，载《民法研究》第5号（2008年）。

② 参见：《ジュリスト》第1322号（2006）。

的人（穗积陈重），也有对这种观点表示支持的人（梅谦次郎）。概言之，民法的对象应该包括私权以外更广泛的权利这种观点是否正确，仍是值得研究的问题。

2. 何谓民法——“都人士”的法？或者转向市民法

我在最近出版的《民法修改探究》(2011 年）一书中还提出了一个问题，即将“Droit civil”译为“民法”是否贴切。“民法”这一译词，是由津田真道最早提出，由箕作麟祥确定的。但是，在当时就有人对此表示出疑问。因为“民”是指被统治者，“法”是用于统治的手段，按这种理解，“民法”的含义就变成了“统治民的法”。因此说这种翻译背离了“Droit civil”的本义①。

曾经有人提出，“civil”这一形容词或者它的原型 citoyen 这一名词不应该翻译为“民”，而应该译为“都人士”。这种译词可谓是下了大工夫。所谓“都人”是指居住在都市的人，所谓 bourgeois/Burger 恐怕本来是指“都城中居住的人”。再加上“士”则不是被统治者而是指“治者”。“Citoyen”的意义的确是自我治理的人。

时至今日，恐怕无法再改变民法和民法典这一译词。但是“Droit civil”并不是受支配的“民”的法，而是由自己统治自己的“士”（这样可以想象到的有“士大夫”、“武士”的“士”）的法。这一点应该得到充分的认识。

① 关于这一点参见：拙著《民法改正を考える》(岩波新書，2011 年)。

换言之，作为“Droit civil”的“民法”应该成为一种为实现民主化的法、自治的法才对。如果是这样，所谓民法的修改则应该是作为“citoyen”的“市民”为了自己更好地治理自己而进行的事业。

四、结语

如果从这一观点出发，还可以进一步推导出以下的主张：

第一，市民为了修改民法需要具备相应的法律见识。为了培养这种法律见识就有必要进行目的有别于为培养专家的法律教育，即针对市民的“法教育”。我最初是在1997年发表的题为“现代日本的法学教育”[①]这篇论文中提出这种观点，其后在2000年代，又写了很多有关“法教育”的论文和专著。关于这一问题的最近的一些想法又都归纳到了《“法与教育”研究序说》[②]这本书里。

另一个是，为了理解东亚民法修改，不仅要从经济一体化，而且好像还应该从“民主化”这一角度进行考察。我现在正在考虑对1990年以后的中国、韩国、中国台湾，进而对日本的“社会与法”的状况，从民法的角度进行研

① 参见：拙文“現代日本の法学教育——法学部における教育を中心に”，收录于《岩波講座·現代の法15現代法学の思想と方法》（岩波書店，1997年）。

② 参见：拙著《“法と教育”序説》（商事法務，2010年）。

究。2010 年我撰写出版了《日韩比较民法序说》[①]，迈出了这一研究的第一步，今后还要加深对韩国法的学习，并将中国法也纳入自己的研究领域，在将来的某一时候将我自己的观察总结出来。

渠涛译

① 参见：大村敦志、権澈著《日韓比較民法序説》(有斐閣，2010 年)。

Ⅰ.辅论："关于民法与民法典的思考"及其之后所想到的问题[①]

一、引言——题目的选定及其内容

此次有机会受中日民商法研究会的邀请在这里作学术报告，我感到十分荣幸。我是第一次到中国来，在这里只能用日语发表我的报告，很不好意思。在接到邀请之后一直对究竟应该向此次大会提交什么样题目的报告而感到犹豫，后来渠涛先生建议，让我就以前发表过的"民法与民法典的思考"这篇论文的内容准备报告。由此我遵照他的建议，在这里介绍一下这篇论文的主要内容。但是，该论文发表于1996年，当时是为了配合纪念日本民法典成立实施100周年而撰写的，实质上真正的撰写时间是在1995年。从那时起已经过了10个年头，现在的情况又有许多与当时

① 本文为作者曾提交给中日民商法研究会第4届大会（2005年于中南财经政法大学召开）的论文，后收录于渠涛主编《中日民商法研究》（第5卷）法律出版社2006年版。

不同，因此我今天的报告，首先综合介绍“民法与民法典的思考”这篇论文的整体内容；其次具体介绍该文所讨论的问题以及讨论中得到的一些感悟；再次是“民法与民法典的思考”这篇论文曾经有一个“结章”，但今天的报告中将这方面的内容省略，代之以介绍现在本人就相关课题正在关心的一些问题。

二、“关于民法与民法典的思考”的整体内容

（一）“关于民法与民法典的思考”的成就经纬

“关于民法与民法典的思考”这篇论文是《民法研究》这一杂志创刊时的约稿。当时，该杂志的主编广中俊雄教授希望我写一篇与民法体系相关的文章，但是我所关心的问题是比民法体系更为基础的问题，即民法或民法典究竟为何物这种问题，于是便就此问题提出一些与以往不同的观点。

当时作为“以往的观点”所设定的对象是以川岛武宜为代表的民法观。当时我的基本想法是对于民法为“资本主义社会＝经济的法”这种观点提出批判，其主要内容是想从重视“市民社会的法”这一侧面与其进行对话。因为我本人最关心的是如何由民法和民法典创建市民社会这一路径。从这层意义上说，它与川岛那种以经济为中心考虑

民法的观点截然不同，可以说是要从政治思想的侧面来掌握民法。从结论上说，本人认为之所以需要具备民法典是要设置一个可以就“社会共同关心的事情 res publica= 共和国（休戚与共——译者）”进行思考的场所，由此，所谓民法就应该是“社会构成原理 constitution”。

需要说明的是，这种观点并非是由我本人首创。星野英一教授在很早以前就曾经对川岛“轻视民法典”、“社会经济中心主义”等观点提出过质疑。星野教授所提出的研究方向可以说是一种与国家和市民社会关系相关、从政治思想史的角度展开的研究，而我在该论文中所做的只是继承了星野教授的问题意识而对问题的内容进行了重新构成。具体地说，为了深入讨论这一问题，在更多地搜集资料的基础上，我以三个具体的课题为中心展开了一些更为具体的讨论。

（二）“关于民法与民法典思考”一文的整体内容和结构

“民法与民法典的思考”这篇论文主要由以下三章构成：第一章——民法典的民法观；第二章——法律家的民法与市民的民法；第三章——从单数法典走向复数法典。各章中基本上都是对照法国民法的经验对日本民法展开的讨论。

第一章探讨的主要问题是在日本民法制定之初作为其

前提的民法形象。这里所讨论的问题是民法和民法典的“对象”，也就是说，它是日本民法典、法国民法典、中国民法典中的“民法”这一部分的问题。

第二章探讨的主要问题是民法典在制定之后如何被市民接受的历史。这里是将问题聚焦在民法和民法典的“栋梁（民法典规范的主体——译者）”的具体存在方式上。如果从 ×× 民法典这种用词看，这里所关心的对象正是相当于这种民法典前的定语 ×× 这一部分，即各国“国民”的具体存在方式。

第三章探讨的主要问题是如何对待近年来人们提出的“民法典解体倾向”以及“脱法典化”等问题。与前两章相比，这里讨论的是“民法典”的“法典”部分，目的在于重新审视“法典”的意义，即法典化的“技术”及支撑其“技术”的法典观。

以下就这些内容按照原论文的上述结构分别介绍。

三、“关于民法与民法典的思考”的具体内容——民法与民法典的各种形态

（一）民法与民法典的“对象”——“民 = 私 civil”

1.“法典论争”中的对立

日本于 1890 年制定的第一部近代民法典，是由法国法

学者博瓦索纳德起草的《日本民法典》，史称“旧民法典”。因为当时围绕着这部法典有人提出施行的延期论，从而引发了被称为“法典论争”的大型争论。以此为背景，“民法与民法典的思考”这篇论文的第一章中即讨论了法典论争。关于法典论争的研究在日本很多，在这些研究中，大量历史事实得到了发掘。例如在“法典论争”的主要背景方面就有：民法典中家族部分违反传统习惯而受到批判；国内的法律家在英国法派和法国法派之间发生了对立；为废除与欧洲各国之间的不平等通商条约的外交交涉等等。

但是，本人的研究与这些历史性发掘有所不同，主要关注的是各方论者当时究竟对“民法”作如何把握的问题。研究的结果表明，尽管一般人认为两派分别以穗积八束与梅谦次郎为延期派与断行派的代表人物形成对立，但是他们的观点和思考方法却意外的近似。也就是说我所指出的是，任何一方的基本想法都是要通过“国家性的民法”而制造出“国家性的公共性”。因此可以说，他们都否定“解决私人间纠纷无需国家法”这种传统的民法思想，而认为解决私人间的纠纷是需要国家与社会出面关心的。如果按照这种意义制定民法，所表现出的价值取向只能是一种高度政治性运营。

2. 私权为何物

在法典断行派中有人曾经试图通过肯定并援用博瓦索纳德起草的旧民法典，用“私权”与“国家 state”相对峙。

然而，在明治时期的日本，当时并不存在让这些观点占据优势地位的社会基础。当时的课题只能是如何在“国家 state”的框架中创建“私权”的领域。

当时的民法并没有将不包括公权的“权利”作为一般的概念使用，将对象限定为“私权”这一点恐怕与其关系密切。但是有一点值得注意的是，在当时的法律用语“私权”之中曾经包括市民性的自由，实际上在以“私权”为对象的民法世界相当广泛地包括了社会存在的形态。因此，明治时期的日本创建的“民 / 私 civil”究竟为何物在今天值得重新审视。

（二）民法与民法典的“顶梁柱”——“国民 nation”

1. 民法在日本的普及过程

1898 年开始实施的现行民法典的财产法部分，一直没有经过根本性的修改（在此论文脱稿后已于 2004 年进行了修改），一直沿用至今。但是在民法典的家庭法部分于 1947 年经过了大规模修改。用当时的话说，可谓是耳目一新的“新民法”。由此现行民法形成了截然不同的两个风格的民法，这两个民法尤其是在是否为一般人所接受这样的问题上，至今也并不一定可以说得到了充分的讨论。

如果说具有一部民法典才可以构建市民社会和政治社会的话，这部民法典就必须得到市民的关注。如果制定一部不受市民关注的民法典，这部民法典就不可能成为构建社会的基本原理。本人正是基于这种考虑，开始尝试性地追溯民法典得到市民接受的历史。尽管对这一点的论证所援用的资料并不多，但是我想已经可以充分证明，无论是1898年还是1947年的民法制定都受到了高度关注，并得到了国民们的热烈欢迎。

需要提及的是，日本在20世纪20年代展开的“大众民主化运动”促进了法律知识的大众化。例如，兼有学术研究和新闻报道性质的《法律时报》杂志即创刊于这个时代；还有将专门研究图书与启蒙图书兼容并蓄的各种《法学全集》也是在这个时代开始计划出版，等等。这些在普法教育上都有巨大的历史意义。

2. 法教育的转型

时至2005年，日本在法教育方面发生了很大的变化。如所众知，日本从2004年开始创建实施了所谓的“法科大学院”的教育体制。这种教育体制的出现使人感到以往的“法学部”模式的教育正在相对地失去其原有的重要性。但是，我认为：要想应对各种新的社会问题以及创建新的社会机制，仅有法科大学院教育出来的这种能够熟练掌握法技术的专业法曹是不够的；要想创建和不断更新一个成熟的法治国家和法治社会更不能缺少热衷于掌握解读法律能力的人群的扩大。

值得庆幸的是，对于这种观点而言可谓是得以“借东风”的制度改革已经登上了今天日本的司法制度改革的议事日程。其代表就是国民参与司法的“裁判员[①]”制度。这实质上是一种陪审制度，在大正民主化时代中曾经一度被采用，但后来遭受了挫折，因此这次重新将陪审制度提出，实在是耐人寻味。日本的政治学家三谷太一郎教授引用西方学者（Alexis de Tocquville——法国政治家）的话说：“学校和法庭中产生的法的精神将会超越这些机关而一步步地扩大开来。”有感于此，我最近正在分出相当多的时间来从事法科大学院以外的法学教育用的书籍的翻译和撰写工作，因为我认为培育民法典的“顶梁柱”（支撑民法典的主体）是一项可以与编纂法典本身相媲美的大事业。

（三）民法与民法典的“技术”——“法典 code”

1. 民法典是否会解体

不仅限于日本，在世界各国民事立法领域中，特别法立法的增加都格外引人注目。仅以日本为例，《制造物责任法》《消费者契约法》《动产债权转让特例法》等已有立法的例子不胜枚举；此外，关于非盈利法人的立法也在民法

① 日本的“裁判员”不同于作为法官系列中的“裁判官”，是一项国民以审判主体的法律地位参与到具体刑事案件审判中来的一种新型制度。这种制度的建立虽然受到英美法上陪审团制度的影响，但实质内容却与之不同。制度的建立大致经历了 2004 年的《关于裁判员参加刑事审判的法律》以及此后的 5 次修改，于 2006 年 12 月 22 日正式向社会公布。关于制度的详情可参见：冷罗生“日本裁判员制度的理性思考”，载 110 法律咨询网 http://www.110.com/ziliao/article-188252.html。——译者。

典之外展开；在家族法相关立法中，关于生殖辅助医疗的立法尽管现在已经停止了具体的立法工作，但是今后如果该法能够得以成立，或许更大的可能性还是以特别法的形式出现；在商法领域也是如此，公司法作为单行法独立于商法典之外；保险契约法恐怕也会独立。

特别法乱立的状况大大地损害了民法典的一体性和概括性。如果从"为市民的民法"这一价值取向出发，当然最理想的是将民法的基本规定全部纳入到民法典之中。然而，如果要将不断增加的细则全部纳入民法典，不仅在技术上是困难的，而且如此一来将会损害民法典原有的原理性和一览性等基本性质。这一点也应该引起人们的注意。

2. 民法典是否需要重新编纂

重新编纂民法典的征兆已经明显出现，从今年开始即将实施修改后的"民法典现代语化"。此次民法典的大规模修改，尽管并没有更多地涉及制度内容，但通过对文体和用语的全新修改，大大地提高了国民接近法典的可能性。这种以显示体谅民众为内容的修改是走向民法典重新编纂的第一步。此外，在"现代语化"修改的同时还就保证制度进行了修改，而这一修改并没有以特别法的形式出现，而是将其编入了民法典本身的规定。从这一点看也显示了民法典重新编纂的方向。

然而，此次修改将保证制度的细则规定纳入民法典后，也体现出了有损民法典整体平衡的一面。关于这一点，法国的做法值得参考。在法国，就某项制度进行立法时，只将其中重要的规定插入民法典，而将技术性的各种规定另外放在特别法中。由此一来，民法典既能保持应有的一览性，又可以突出基本原则。

但是在法国法上，民法典的领域扩张也更有令人瞠目结舌之处。例如，在民法典中规定了与人格和人身保护相关的基本原则、关于无罪推定的基本原则，国籍法的全部（由此大大地影响了整体的平衡）。从这些方面看，恐怕应该说这是在更广泛的意义上制定"私权"的基础性制度。本人虽然也认为法国的做法有些过头，但仍然认为应该以最低限度将原则规定纳入其中。

四、"民法与民法典的思考"论文之后的研究

以下，作为本报告的结语报告一下在"民法与民法典的思考"以后本人正在考虑和研究的课题。主要是两方面的问题：一是超越"法典 code"；二是超越"国民 nation"。如果从"民和市民 civil/citoyen"的观点出发，在深化作为其主体的存在形态的同时，也应该向外部展开。

（一）超越"法典 code"

1. 从"法典 code"到"自觉规范 habitus"

无论在任何社会，民法典首先是由法律家赋予的，因

为实际制造（制定——译者）民法典的人并非国民本身。但是使用民法典的却是国民，而且摸索民法典中应该装入的新型制度的也是国民。但在摸索阶段，国民的“民法”并不是民法典本身。人们会按照以民法典为基础衍生出来的规范营造各自的“法生活”。换言之，民法典由此才成为人们自觉的规范。这就是法典（写在纸上的法典）向自觉规范（身体力行的规范）的转变过程。

2.“民和市民 civil/citoyen”的主体化

在这里需要关注的是，人们为改变民法典所进行的种种尝试。例如契约实务就是最好的例子。具体说就是，如果实际生活中需要民法典上没有的契约类型时，人们将会反复地进行各种尝试。由此将会产生法典中并不存在的新型契约类型。关于这一点在家族生活以及邻里生活的关系中也是如此。从这层意义上说，所有的市民都在参与规则的生成，因为日常的新尝试会不断催生规范的萌芽。

即便是没有作为条文被成文化的制度，也会存在着一种创造对自己来说理想的规范和制度的尝试，这种尝试的意义极大。在本人撰写的一本题为《为生活而创造制度》的书中，曾经通过具体例子说明了这一点，由此描绘了一幅——并不单纯地接受规范，同时也积极参与规范和制度的生成的——“民和市民 civil/citoyen”的形象。

（二）超越“国民 nation”

1.“社会性”的退化与“个性”的抬头

日本民法学自 1905 年的《工厂抵押法》到 2004 年的《动产债权转让特例法》，长期以来所关心的重点都在于产业基础的确立（对企业筹措资金的支持）。但是同时也对“社会问题”的解决、社会中“弱者”的保护等给予了极大的关心。其具体表现是，第二次世界大战前的劳动问题、农村问题，战后的住宅问题、公害问题、消费者问题。

但是自 1980 年以后，这种对社会问题的关心从总体上正在逐步的退化，市场上弱肉强食的色彩正在加强，因此强调在市场中失败的人应由自己负责。但是尽管如此，日本民法在整体上还是考虑到了社会中的弱者，诸如对无家可归的流浪者以及自由职业者的实际存在予以正面承认的动向；残疾人以及包括妇女儿童、高龄人等在内的各种不同的人们的共同共生也受到了重视。

2.“国民 nation”的相对化与“民和市民 civil/citoyen”的实质化

在上述这种社会的整体潮流中，本人最为关注的是外国人或称非日本籍市民的存在方式。民法的对象同时也是民法的“顶梁柱”并非是由“等质国民”构成，而是由各具不同属性的人们构成，这里就应该包括外国人。这些人在日本这一空间之中与我们享用共同的生活基础，尽管应该承认相互之间存在的差异，但也应该构筑一种作为“社会共同关心的事情 reh publica= 共和国（休戚与共——译者）”的市民社会。这是一种试图构筑比“民和市民 civil/citoyen”更为开放和更为实质的社会存在形式的尝试。在我负责的讲座上，从去年开始与学生们一起研究外国人问题，计划在今年到明年夏天之间撰写一本“外国人法”的新作。这就是我现在研究的课题。

在参加这次中日民商法研究会的中方学者之中，有很多人在日本作为留学生生活过。现在日本的外国人留学生数量已经达到了 9 万人，中国人占其中的 2/3。我研究的目标是应该让这些人也作为日本社会的“支撑主体”——也就是说，能让这些人拥有既是中国人同时也是日本市民这样一种双重的个性，如果是东南亚人可能会有三重个性——而可以在这里积极地生活。正因为如此，我现在的课题就是要通过对民法与民法典的研究摸索出一种可以达到这一目标的社会形态。

渠涛译

Ⅱ．正论：“人法”与不法行为法的重构[①]

一、引言

最近作为民法总论研究的一个领域，本人正在关注民法典编成的重构。关于这一方面的研究成果，最早曾在《民法 0·1·2·3 条》[②]中提出基本原理转化论；还有就是在 2009 年出版的《民法读解总则编》[③]中曾主张总则缩小论。除此之外在 2011 年出版的《对不法行为判例的学习——社会与法的接点》[④]的第二部中曾经以“人格权”为中心，以“人法”为起点思考了民法的重构问题。因为这个研究还正在进行中，所以现在还不能将这一研究画上完整的句号。在这里我想就上述 3 本书中的一些论点以及其他本人与此相关的研究做一整理向大家报告。

---

① 作者曾就本文的内容于2011年10月12日在中国人民大学法学院讲演。

② 参见：拙著《“民法 0·1·2·3 条”——〈私〉が生きるルール》（みすず書房，2007 年）。

③ 参见：拙著《民法読解総則編》（有斐閣，2009 年）。

④ 参见：拙著《不法行為判例に学ぶ－社会と法の接点》（有斐閣，2011 年）。

下面我将先谈我自己对“人法”的认识，然后再谈它与不法行为法的关系，最后简单地谈一谈民法典和民法学今后的方向。

二、何谓“人法”

（一）编成问题

1. 向“旧民法[①]”的回归

民法典的编成问题已经成为现在正在进行的日本债权法修改中的争论点。这种争论的中心问题是，是否应该将现在债权编中关于契约的规定重新进行归纳。值得注意的是，在债权法修改之前，大概10年前，曾经有人从其他的角度提出过是否应该考虑民法典编成的重构问题。原东北大学的广中俊雄教授曾经指出，由于成年监护制度的改革使民法正在向旧民法人事编“人法”回归[②]。

广中认为：日本于1890年完成的旧民法采取的是法国式的编成体系，曾经是以人事编、财产编、财产取得编、担

---

① 所谓“旧民法”是指，日本在现行民法典颁布之前颁布而没能实施的一部民法典。关于这部民法典的成立等内容请参见：渠涛“日本民法编纂及学说继受的历史回顾”，载《环球法律评论》2001年秋季号（2001.9）——译者。

② 参见：广中俊雄“成年後見制度の改革と民法の体系（上下）——旧民法人事編＝『人の法』の解体から1世紀余を経て”，载《ジュリスト》第1184号、第1185号（2000）。

保编、证据编等 5 编构成。其中人事编有如下内容：第 1 章私权的享有及行使；第 2 章国民的分限（国籍）；第 3 章至第 10 章是家庭关系的相关内容；其后是“自治产”和“禁治产”（第 11 章、第 12 章）；第 13 章是户主及家庭；第 14 章是“住所”；第 15 章是“失踪”，最后第 16 章是关于身份的证书。

现行民法将上述旧民法中的家庭相关的章节作为亲族编独立，但是将“禁治产”的章节分别作为“行为能力”相关的规定和关于“监护”相关的规定进行分割，前者并入总则编，后者并入亲族编。但是，1999 年成年人监护制度修改之后，该制度分设为两处的缺点开始凸显。而且新法承认亲族以外的人也可以作监护人，因此监护的规定仅放置于亲族编便缺乏了必然性。如果是这样，就使人感到，将关于成年监护的规定集中在一起，以此来充实“人法”的做法是否应该是今后立法的方向？广中教授提出的观点与此有契合之处。

2. 人法的内容

广中教授的观点准确地说应该分为两个内容：一个是应该将“人法”作为一个整体放置于民法典中；另一个是设置一编“人法”或者“人事编”·“人格编”。关于第二点，我想在后边再仔细谈及，这里先说第一点。所谓“人法”究竟应该包含哪些规定，我想如下三点都是重要的。

第一，关于人格、人身的规定的设置。实际上，旧民法典中并没有这样的规定，在旧民法的原型法国民法典中也是一样。至1970年，法国法设置了关于尊重私生活的规定，1994年设置了关于对人身的尊重这样的规定。而作为现代法中的规定来考虑“人法”，这些规定则是不可缺少的。

第二，关于个人相关要素的规定的设置。具体可以考虑姓名、年龄、性别、住所等相关的规定。在旧民法中，关于这方面的规定设置在“关于身份的证书”这一章中，而在现行法体系之下，可以考虑将户籍法中的一部分规定移置到民法之中。另外，也许将前文谈到的性同一性障碍特例法等特别法的规定统合到民法之中会更好。

第三，可以考虑设置保护人的共同生活体的相关规定。关于以家庭以外的方式共同生活的人们之间的法律关系的规定，既可以考虑放到家庭法中，也可以考虑放到契约法中，但还有一种方案可以考虑的就是将其放到“人法”中。

那么，如果将这些规定作为属于“人法”的一个单元来配置的话会怎样？恐怕这就会引发对传统民法上“人”的概念的修改。

（二）原理问题

1. 人的尊严——特别人群的利益与民法

以往民法上的“人”一直是被作为“权利义务的归属点”。物权、债权以及其他权利究竟归属于谁，可以使已归属的权利发生变动的又是谁？前者是属于权利能力的问题。权利能力的平等被作为近代法上的一大原则，一般认为民法上的所有的“人”享有同等的权利能力。后者是行为能力的问题，关于这一点，是以自我决定和自我责任为原则，而行为能力的限制一般一直被认为是例外的情况。也就是说，民法上设想的“人”，是排除“成年”这种条件以外的，基本上是所有属性（年龄、性别、国际、人种、宗教、资产情况、判断能力等等）以外的“普遍的、抽象的”人。

如果将“人”作为“权利义务的归属点”当然没有问题。但是，实际上的“人”，既具有人格和人身，同时又具备各种各样的属性，在这里姑且不论人格、人身，首先再看一看人与人之间存在的“差异”。在普遍意义上的抽象的和形式上的平等的“人”这种思维方法，实际上会使在各种意义上处于社会劣势地位的“人”（及特别人群——译者）的尊严受到损害。因此，“劳动者”、“消费者”、“女性”、“儿童”、“外国人”以及“残疾人”的权利应该得到主张。在现代民法中，难道不需要这样一种从弱者的层面来正面地接受这样一种社会性承认的要求吗？即新型的“人”的形象等于人的形象吗？我在“特别人群与民法”①（2005年）和《民法0·1·2·3条》（2007年）中提出了这样的主张。

2. 人性的使然——社会交往与法

对于人来讲，有各种各样的财产归属关系，并通过契

---

① 参见：拙文：“マイノリティと民法——シヴィルの再検討のために”，收录于早稲田比較法研究所編《歴史と比較の中の日本法学》（该研究所，2008年）。

约对这些归属进行交换，如果依据这样的观点，“人与人之间的关系”不过是财货移转的媒介。但是我们需要考虑的是，人们交换财货究竟是为什么？我想这只是为了作为人更好地活着。而且为了更好地活着，不单单是需要财货的交换，还需要与其他人之间构筑各种各样的关系。这并不仅是一个生活的手段，有时可能仅仅是以建立这种关系为目的。这就是人与人之间谋求构筑关系，即社会性、社交性（sociable）的存在。

作为人与人之间的关系，一方面家庭关系非常重要，但同时不能忽视家庭以外的关系。当然，交易关系是非家庭关系的一种形态，此外还有无偿的行为、非营利团体的成立抑或依据契约成立的共同生活体等等。关于这一点，我在自己撰写的两本书中曾经强调过。即2002年出版的《法国的社交与法》[①]和2008年出版的《与他人共生——从民法看外国人法》[②]。

需要注意的是，人格权与不法行为法之间具有密切的关系。实际上，日本现行民法的起草者们，当时已经知道人格权的概念，但是，他们认为只要在不法行为法中设置相关规定（例如，涉及人身、自由、名誉的第710条和规

---

① 参见：拙著《フランスの社交と法——〈つきあい〉と〈いきがい〉（法国的社交与法——〈人的交往〉与〈生活意义〉）》（有斐閣，2002年）。

② 参见：拙著《他者とともに生きる——民法から見た外国人法（与外人共生——从民法看到的外国人法）》（東京大学出版会，2008年）。

定恢复名誉的第 723 条）即为已足。然而，在今天究竟是不是还可以这样认为却是一个问题。下面就从不法行为法切入，讨论一下人格权法乃至“人法”的问题。

三、从不法行为法看“人法”

（一）在日本不法行为判例的展开

1. 1970 年代以前

与中国《侵权责任法》设有详细规定相比，日本不法行为法在民法中只有十几条规定。但是，判例通过对以过失责任为原则的中心条文第 709 条进行灵活运用几乎解决了所有的问题。

在 20 世纪中，日本的不法行为判例有两个发展时期，一个是 1910 年至 1920 年，还有一个是 1960 年至 1970 年。在最初的时期，判例揭示的判断框架是将过失作为违反结果回避义务（大阪强碱事件），而并不是将过失作为心理状态。同时又确立了权利行使在构成权利滥用时也可以作为不法行为成立这一观点（信玄公旗挂松事件判决）。这些判例构成了 70 年代由学说展开的新过失论、新违法性论的出发点。

与此相对，在后一个时期，因果关系论的展开尤为突出。在所谓四大公害诉讼（三个水质污染诉讼和一个大气污染诉讼）的判决中，采用了一些新型的理论。如新潟水保病事件判决中采用的“间接反证理论”，即如果能够认定原因物质的排除与被害的发生之间存在因果关系，尽管不能明确原因物质生成的机制，也可以推定其因果关系；四日市哮喘事件判决中采用的“疫学性因果关系论”，即集体受害情况的分布推定其中每个人受害原因，等等。

不法行为的判例在上述两个时期的发展极为显著，但是如果从所得到损害赔偿的内容的角度可以总结为，1910 年至 1920 年是物的损害（农作物、树木的枯死），1960 至 1970 年是人身损害（生命、健康的损害）。现在日本不法行为教科书中写的主要是这个时期形成的理论。

2. 1980 年代末以降

然而到了 1980 年代末，又出现了与上述判例完全不同的一组判例。这些判例一言以蔽之就是关于人格权、人格性利益的判例。

在日本损害名誉构成不法行为有明文规定（民法第 710 条）。另外关于隐私权侵害在 1960 年代中期也出现过其可以构成不法行为的裁判例（“欢宴之后”事件，政治家有田八郎与小说家三岛由纪夫之间的纠纷）。以这些判决为契机，自从 1980 年代末到今天的四分之一世纪里又积累了多种多样的裁判例。这些判例包括了很多内容，诸如试图否定对外国人或残疾人予以歧视对待的案例，保护在宗教上的少数人（基督教徒）或在民族上属于少数人（在日韩国人和朝鲜人）的人格性利益，或者是出于尊重医疗上（输血手术等）的受害人以及在工作现场（性骚扰）中自己决定的利益。

在这些判决中可以看到，一方面它在“人”的差异问题上揭示了两种需要不同对待的情况，即忽视其差异（同等对待）的情况与尊重其差异（个别对待）的情况；另一方面，“人”与“人”之间的关系中伴随着权利性这一点得到发现，进而禁止持有权利一方的滥用，并对其课以实施必要关照之义务。除此之外还明确了以往并没有被作为“人格权”承认的利益，根据不同情况（根据当事人之间的交流程序）也可以作为受保护的对象①。

（二）人格权的出现

1. 法益的变迁——从财产经人身转向人格权

从上述判例的变迁看，首先可以说，不法行为法所保护的法益是从“财产”经过“人身”而转向“人格”。当然即使在今天，对“财产”和“人身”的侵害还在以各种形态发生。而从不法行为相关判例新展开的部分确实可以看到一种变化。

其结果是，（包括人格性利益在内的广义的）“人格权”的内容相比以往变得丰富多彩起来。特别是在今天，人格权不仅限于侵害禁止（消极的义务），而且正在向某种关照

---

① 关于这一点参见：拙文“‘人の法’から見た不法行為法の展開”，收录于大塚、大村、野澤編《淡路古稀·社会の発展と権利の創造——民法·環境法学の最前線》（有斐閣，2012年）。

（积极的义务）的请求展开。在它的背后可以看到，并不是将个人作为独立的存在，而是作为某种关系中的存在而把握。因此这种已经转化的观点得到了承认。

2. 原理的转换——从财产法转向人法

人格权、人格利益的充实提高了“人格法”（进而包括“人格法”在内的“人法”）的比重。而它的先决条件则是民法基本原理的转换。以往民法的中心曾经是“财产法”，即作为“财货归属的法”的所有权法和作为“财货交换法”的契约法。尽管其中使用了“法人格”，但它不过是作为财货归属和交换得以可能的理论基础，即“权利义务归属点”。

然而，由于“人格法”的发展而逐渐得到明确的是，民法是“活着的人”的法、“想更好地活着的人”的法。如果这样考虑，所有权（propriété）作为为此不可缺少之物，而契约则作为在人与人之间发生以相互依存为内容的债权债务关系（obligations），予以重新定位。

如果想将这种转换象征性地揭示出来，恐怕就应该将“人格法”或“人法”作为民法典最初的编章予以定位才更有益。因此，如果中国将“人格法”作这样的定位予以处理，或许可以起到引导21世纪民法这样大的作用。

四、结语

当然在日本，恐怕也应该以同样的思路对民法典的整个体系进行重组。而且在民法学中，也应该期待对“人格法”或“人法”予以发展而进行研究。换言之，以“人格法”或“人法”为中心的民法典的体系重构将会促使对这方面法律的研究；反过来，对这一领域研究的促进又可以提高这些法律制度本身的价值。即它们之间形成了一种相辅相成、相互促进的关系。

因此，促进立法研究和提高法制度本身价值的研究有必要齐头并进。我本人一方面以“人”为中心展开研究，同时又在探索链接“人”与“人”的“家族”、“契约”、“团体”在整个体系中的定位①。正是基于对这些问题的思考，在目前正在展开的债权法修改的问题上，我也提出了应该修改民法典编别结构的主张。在另一方面，我也推崇对“人法”相关的外国法研究（《法国民法》〈2010 年〉）②。当然我也期待这类研究的尝试在东亚各地得到展开，并促进在这方面与日本学界的交流，应该说，这是日本（进而东亚）民法学尚需开拓的领域之一。

渠涛译

① 参见：拙著《市民社会与“私”与法（Ⅰ）（Ⅱ）》（商事法务出版社，2008 年，2010 年）。

② 参见：拙著《フランス民法（法国民法）》（信山社，2010 年）。

Ⅱ.辅论 1：日本债法修改与不法行为[①]

一、引言

正如中日民商法研究会中有过很多报告介绍，日本正在做债权法[②]修改的工作。我和道垣内教授都是作为“民法（债权法）改正检讨委员会”的一员参与其中。我负责的部分是关于“债权种类”的规定（这一规定在现行日本民法典中是置于“债权编”的首部），此外还有消费者、事业者（包括企业的经营者及其所有者——译者）的概念、民法典的结构。这个委员会现在主要在研究探讨的是“债权法”，其中也包括民法总则中的法律行为、消灭时效，而法定债权部分则不在其列。所以，不法行为规定本身的修改并不是我们工作的对象。但是，“债权法”的修改自然要求重新

① 本文为作者曾提交给中日民商法研究会第 7 届大会（2008 年与辽宁大学召开）的论文，后收录于渠涛主编《中日民商法研究》（第 8 卷）法律出版社 2009 年版。

② 在日本，民法学中，我国一般称之为“债法”者被称之为“债权法”；在日本民法典中“债编”亦被称之为“债权编”。本译稿在原文只用“债权……”时援用日文原文称谓。——译者。

考虑民法典的结构，不法行为法的规定放在什么位置也是不可逾越的问题。

今天在这里想就未来日本民法典中侵权性规定的位置谈一点我自己的想法，但是有两点需要事先说明。一是关于民法典的结构问题现在还没有任何定论，我在这里报告的只是我自己的想法；另一点是，因为现在所做的是从现行民法典修改这一视点出发的讨论，所以要事先将如果重新制定民法典可以预测的几种可能性排除在外。下面依次提出四种考虑问题的方法。大致可以将之分为两大类，即将不法行为法规定置于债权编之内的观点和置于债权编之外的观点。

二、置于债权编之内——作为债权发生原因的不法行为

（一）保留债权总则的情况

现行日本民法典由总则、物权、债权、亲族、继承五编构成。其中的债权编由第 1 章总则、第 2 章契约、第 3 章无因管理、第 4 章不当得利、第 5 章不法行为等 5 章构成。如前所述，法定债权不在这次修改工作之列。按照现在的篇章结构说，这项工作只以第 1 章和第 2 章为对象，不涉及第 3 章以下——特别是第 5 章——的内容。如此，则会产生一个疑问，就是这次修改是不是对不法行为规定的位置没有直接的影响？

如果维持债权编现在的章结构——具体来说，如果以完全不改动第1章总则、第2章契约这种配置——的话，的确如此。但是，新“债权法”重建的中心课题之一是债务不履行制度。具体说就是，现在有一种观点认为，应该将现在分散规定在债权总则（第1章）和契约总则（第2章第1节）中的强制履行、损害赔偿、风险负担作为一个整体考虑，因为从体系上也应该将它们集中配置在一处规定。如果是这样，有一种可选择的做法是，将契约总则解体，将解除和风险负担的规定作为契约这种场合的特殊规则，重组到债权总则之中。由此，将会维持债权总则、债权分则的编成结构，不法行为法规定所在的位置则不会发生变化。

这种想法的具体构造图如下：

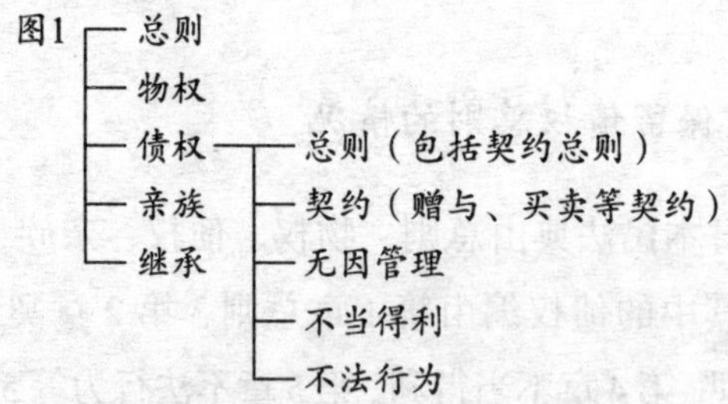

（二）废止债权总则的情况

还有一种选择与上述做法完全相反，即将债权总则重组到契约总则之中。此次债权法修改是将更新“契约所生之债（契约债权）”的规则作为重点，因此才将法定之债排除在外，而将法律行为、消灭时效纳入其中。如果按照这个思路自然会想到，将契约债权的一般规则作捆绑配置，以此与法定债权相区别。

从这种思路走下去就应该是，将现在适用于契约债权和法定债权的、债权总则中的各种规定作为契约债权的规定予以纯化，另外准备法定债权（特别是不法行为）所需要的规定（或者新设，或者准用）。如此，现在的债权总则这一单元即会退出历史舞台。这种思路也不会改变将不法行为留在债权编之内的做法，只是会形成在债权编内契约与不法行为两个法律范畴的并存。另外，为了使这两者之间的对比更为明显，还可以考虑将契约分则部分置于其后，或者另外立编。

这种想法的具体构造图如下：

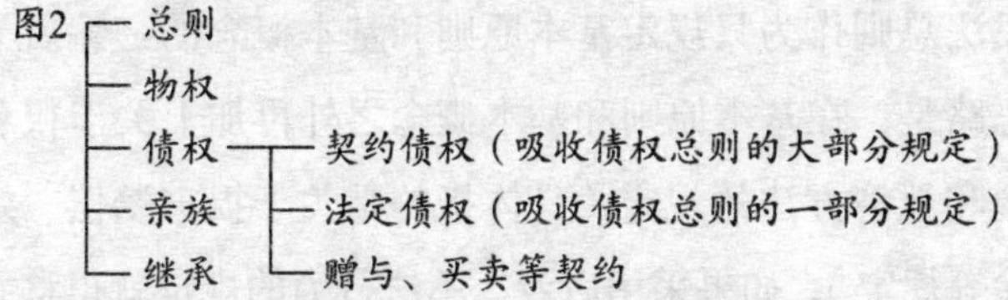

三、置于债权编之外——作为救济方法的不法行为

（一）重新编制总则编

在现阶段，可能性最大的是在上述两个思路中选择一个。但是，并不是没有将不法行为规定置于债权编以外的

选择。之所以这么说是因为，债权编的修改涉及了法律行为和消灭时效，因此它同时就已经包含了日本民法典总则编本身重编的契机。具体说，应该可以考虑将民法总则中的法律行为和消灭时效的规定也移到图2所示的契约债权这一章中去。假如真的这样做了，2006年一般法人法的制定已经使总则中的法人规定几乎都失去了意义，这次再将几乎所有的法律行为规定和时效规定从总则编移出，而只将取得时效留下又不自然，似应移至物权法中，剩下的规定则需要重新编排。

那么，怎么编排？新的民法总则中将只剩下规定基本原则的通则规定，还有关于“人”（包括法人概念）、关于“物”和“法律行为”概念的若干规定。一种思路是，关于“人”的规定，只保留概念性规定，其他移至亲族法编，即将民法总则作为只规定基本原则和基本概念的一编。另一种思路是，在基本原则和基本概念之外再加上关于权利的实现和救济方法的规定（具体指的是关于损害赔偿、妨害排除等规定）。如果采用后者，不法行为的规定就得移到民法总则之中。而如果将不法行为这一法定债权的核心内容移至民法总则，又得给无因管理和不当得利的规定找一个适当的地方。这样一来，债权编倒是可以作为契约债权编得以纯化了。

这种想法的具体构造图如下：

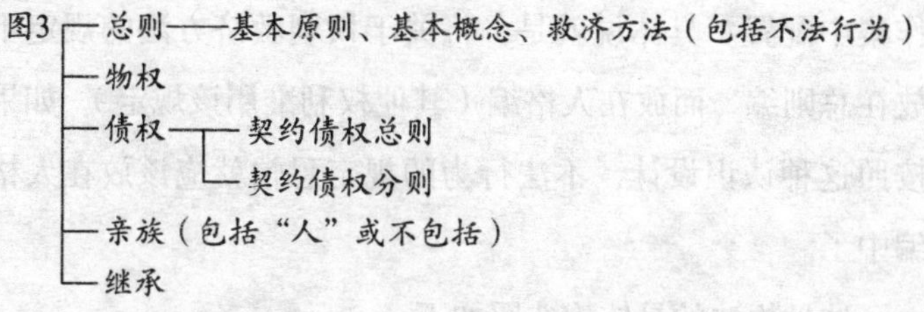

（二）创设人格权编

前文已有述及，如果将法律行为、时效的规定从民法总则编移到别的编中，“人”的规定原封不动留在民法总则编中则会有失均衡。因为民法总则编中关于“人”规定的比重将会过于突出。因此关于“人”的规定也需要重新考虑。前述将“人”的规定移至亲族编虽然也是一种思路，但是还有其他的思路可循。即将关于“人”的规定集中在一起独立成编，比如称之为“人格编”。

假使这一思路成立，人格编放在哪里还是一个问题。可以想到的是，总则编之后，亲族编之前。应该说，前者是重视“人”的基本属性的配置，后者重视“人”与“亲族”的关联性。当然，如果要显示对这两方面都予以重视，还可以考虑在总则编之后顺次排列人格编和亲族编。

创设人格编本身不会当然地影响不法行为法规定的位置，但是，（人格编的位置会对不法行为规定产生影响——译者）如果将其置于总则编之后，自然会使人想到：鉴于“人格编”的基本属性，应该将关于对“人”的保护的规定作集中配置。具体说就是，将关于权利救济方法的规定不放在总则编，而放在人格编（其他权利准用该规定）。如果按照这种认识设计，不法行为的规定恐怕就应该放在人格编中了。

这种想法的具体构造图如下：

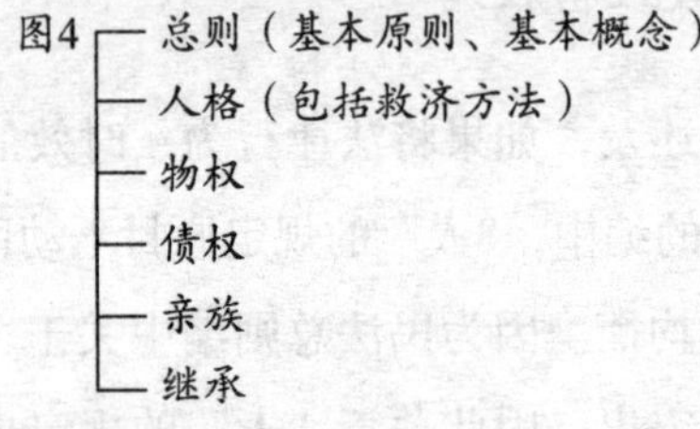

四、结语

以上主要叙述的是，从现行民法典的编成出发，在为契约法和债权法一体化提供了契机的“债权法”修改中考虑不法行为规定的位置时都有哪些选择。这里再一次重申，作为民法修改的实际进程，究竟采用怎样的编成还有待于通过从现在开始的讨论来最终决定。

上述 4 种方案采用哪一种或者哪一种都不采用，在今天还无法预测，因此也没法说清楚今后会怎样。最后，想谈一下在民法典编成的选择上应该考虑的两个根本性问题作为这个报告的结语。

一个是逻辑性与功能性之间的平衡如何把握的问题。

现在在日本学界，既有从现行民法典的编成方式为潘德克顿这一角度出发提出应该重视逻辑性的意见，也有提出应该将契约与债权作一体化配置的意见。潘德克顿究竟有多大程度的逻辑性以及契约与债权的一体化配置有多大程度的可能性都还有必要进一步讨论，但是，今后的焦点恐怕还是如何将这两种意见加以综合折衷。

另一个是稳定性与象征性之间的平衡如何把握的问题。如果仅就法律家的思考习惯这一点而言，若将采用潘德克顿立法模式的这部已有 100 年以上传统的日本民法典从根本体系上彻底推翻，不能说是一个好主意。但是，潘德克顿方式对于一般市民而言难以理解这种批判一直存在也是事实。因此日本民法学从很早就开始一直在摸索通俗易懂的教学体系。背离潘德克顿方式难免会招致尊重稳定的法实务界的忧虑，但民法典是为市民制定的法典，这种象征意义又是不容否定的。“市民”是何等意义的存在，“易懂”的含义何在，这些都需要再思考。恐怕这也会成为俗话说的“同时追两只兔子”（而一只也抓不着——译者）的课题。

渠涛译

Ⅱ. 辅论 2：日本民法中的“身心”与“生活”
——以“人格”与“人身”作为对接“人法”的线索[①]

一、引言——成年监护制度 10 周年

日本于 1999 年成立了新成年监护制度，该制度于翌年开始实施，至今年（2010 年）4 月已经过了 10 年。关于这个制度可以从各种观点进行探讨，而本文则是针对这一新制度成立时规定的一个民法条文展开的探讨。

这个新的条文是日本民法典第 858 条：“成年监护人在从事与成年被监护人的生活、医疗看护以及财产管理等事物时，应当尊重成年被监护人的意思，而且要照顾到其身心的状态以及生活的状况。”

这里需要注意的是，“身心的状态”和“生活的状况”这两个用词。我们之所以要注意它是因为，这两个用词中

① 本文为作者曾提交给中日民商法研究会第 9 届大会（2010 年于烟台大学召开）的论文，后收录于渠涛主编《中日民商法研究》（第 10 卷）法律出版社 2011 年版。

好像蕴含着解开如何把握民法上的“人”这一问题的线索。

本文将从这些用词出发，来探讨民法上的“人”。首先，要看一看在中国和日本的民法中，“人”会涉及什么问题，并整理一下民法注重“人”的哪些方面；其次，在此基础之上，与我现在正参与的日本民法修改衔接起来，考察应该怎样来理解人这一问题。接着，将提及人法构想；最后简要介绍今后的研究方向。虽然本文所涉对象是重要问题，但本文也仅止于一个简单的备忘稿。

二、作为课题的“人”

（一）民法修改与“人”

中国于去年制定了侵权法。在制定该法之际，应该曾遇到的一个难题是，如何来处理作为侵权法保护对象的人格权。由此，也不难预测到，接下来的立法工作是怎样来规定包含人格权的“人”。而实际上，中国目前也正在讨论人格权法的立法草案。

日本于去年在法制审议会上开始了债权法修改工作。此次修改，其修改对象包括总则编的一部分，具体包括法律行为和消灭时效，而总则中的人等部分此次修改并不涉及。另外，家族法也一直被认为需要修改，但是，修改之时，如何整合其与总则中人的部分的关系会是个棘手的问题。也就是说，“人”这一问题，也是日本将来的立法课题之一。

（二）“人”的诸多形态

本文开篇部分提到的第858条，之所以耐人寻味，是民法特别是其总则部分，所设想的“人”是不具有“身心”和“生活”的抽象存在（“心”，不具有感情仅具有意思）。我们可以说，作为呈现于交易世界中的法主体的人，对其是从财产（权利义务）的归属和变动的观点来理解的。在此意义上，也可以说法人才是“人”。

然而，民法也并没有忽视人的其他的方面。离开民法总则，将视线转向侵权法和家族法，其中出现的是更具体的人。侵权法所设想的人，除财产之外，还具有身体、名誉（日本民法第710条）。在家族法中，如前所述，其考虑“身心的状态”和“生活的状况”（日本民法第858条，此外参照第906条，另外，现在正在修改的亲权法，新设的一条规定中也会出现这一用语）。

三、“人”的领域

（一）财产管理与身上监护的二分法

从第858条、906条中可以看出，家族法考虑“身心的状态”和“生活的状况”。从中得出的启示是，民法、至少家族法，是从不同于权利义务归属点这一观点的其他观点来理解的“人”。

这一点可以说在某种意义上并不罕见。之所以这么说，是因为民法、至少家族法中，将“人”的“财产关系”和“人格关系”作区分的不在少数。比方说，对婚姻的效果从财产方面和人格方面区分婚姻的效果，即其适例。

同样的区别也存在于亲子关系中。亲权分为身上监护权（日本民法第 820 条）和财产管理权（日本民法第 824 条），前者关系人格方面，后者则关系财产方面。

然而，这一二分法，即，身上监护 = 人格方面、财产管理 = 财产方面，没有问题吗？下面，通过考察这一二分法的妥当性，对民法上、至少家族法上怎么理解“人”这一问题进行若干探讨。

首先从“财产管理权”入手。的确，日本民法第 824 条规定：“行使亲权的人，管理子女的财产，并且就其财产相关的法律行为代表其子女”。这一条文，现在附有一个标题，即“财产的管理及代表”，可以说它是包含代表权（法定代理权）在内的广义上的管理。第 824 条以外的条文，包括第 827、828、830、831、832、835、836、837 条，这些条文中提到的“管理”或“管理权”，这些用语就是基于广义而使用的。另外，顺带提一句，日本民法上，管理权被理解为是归纳集合的权能，并且规定有亲权人丧失管理权的制度（第835条）。

其次是身上监护权。先来看条文，民法第820条规定："行使亲权的人，有教育和监护子女的权利和义务"。由条文来看，"监护和教育子女"确实包含在亲权的权能中。也可以理解为是包含教育在内的广义上的"监护"。或者说，也可以置换为第828条的"养育"这一用语。

问题还不在这里，下面列举几个具体的问题。从和后文的关系上，第一个问题和第二个问题比较重要，在此同时也一并列出第三和第四个问题。

第一，监护权与住所指定权（第821条）、惩戒权（第822条）、职业许可权（第823条）是怎样的关系？父母的婚姻同意权的关系如何？住所指定权等是不是不包含在监护权之中？

第二，是否存在既不包含于监护权中，也不包含于管理权中的权能？如果存在由谁来行使？其是否包含于亲权中？对此，后文将涉及，既不包含在监护权中，也不包含于管理权中，并且亲权中也不具有的权能是存在的。

第三，是否可以仅仅丧失监护权（参照第835条）？民法规定有亲权和管理权丧失的制度，但是并未规定监护权的丧失制度。可能起初并没有感觉到有对之加以规定的必要。其原因是，对管理权丧失后的亲权人来说至关重要的并非监护权，而是住所指定权和婚姻许可权。应该这样来考虑，即在离婚之际即便将监护权赋予非亲权的父或母之一方（第 766 条），亲权也不被限制，而是与监护权重叠存在。

第四，监护权人是否可以作出为监护所必需的法律行为？为监护而需要的行为由享有亲权一方做出。为此支出的费用，对子女，可以和其财产收益抵消（第 828 条）。那么，这样来理解是妥帖的，即监护权人独自为法律行为，此时对行使亲权的人，可以请求偿还费用。

这里的重点，并不在于个别的解释论的妥当与否。在此需要注意的一点是，对于未成年人（有时，成年人也包括在内的自然人），确实需要对他们的财产进行管理，也需要对他们进行监护，但是未成年人（甚至说全体自然人），他们的存在空间并不仅仅止于财产管理和监护。

（二）身份、身体、身上

下面，转换视角来对上述问题进行确认。

即使是未成年人，达到一定年龄（满 15 岁，参照民法第 797 条第 1 款），虽然需要得到家庭法院的许可，但是可以无需获得亲权人的同意成为养子。另外，成年被监护人，其婚姻或者收养子女，也都无需征得成年监护人的同意（第 738 条、799 条）。这些身份行为，通常不容本人之外的人干涉。

法定代理人可以代替本人为法律行为，但其代理是有限定的。第 824 条但书规定：“发生以其子（女）的行为为目的的债务时，须得到本人的同意。”这就意味着，尽管说是法定代理人，但是要求本人为作为的法律行为，法定代理人是不能单独行使的。而与此情形不同但相类似的是，民法在1947年修改之前，曾规定妻子缔结“身体受到束缚的合同”（旧民法第14条1款3项），必须征得丈夫的同意。也就是说，单靠父母（代理人）或者妻子（本人）自己的决定，并不能使妻子的身体受到拘束。由此，我们需要注意的是，某人自己单独不能进行的行为是存在的。另外，民法领域外，像流产手术的问题，其同样需要得到配偶的同意。

身上监护这一用语，它并不是现行民法上的用语，在民法第857条的标题中使用“身上的监护”，用来代指第820条至第823条这些条文。另一方面，身上这一用词，是19世纪末，日本民法的立法者们，从法语personne（人格，广义上也包含人身）翻译过来的。

现代的立法者与19世纪的立法者，从他们在用语上的差异来看，呈现出如下问题。即关系子女的人格、甚至人身的决定，如肖像的使用许可、输血等，这一决定由谁来行使。第820条至第823条，对这些条文是否使用“身上的监护”这一用语另当别论，但应该认为从中并不能推导出亲权人理所当然地能够行使这一决定。

上述的观点，可以说是对“监护”、乃至“管理”的狭义的理解。如果按照这一观点，“监护”就是对“身心的状态”和“生活的状况”的关怀，而“（广义上的）人格”应该做与此不同的理解。此外，有别于上述两种情形，还存在（狭义上的）“（财产的）管理”。这样来看，之前的二分法应该置换为三分法为妥。

四、“人法”的构想

（一）原理问题——从财货法到人法

民法是规范财货归属（所有权）和移转（合同）的法，可以说这是立足于经济中心主义观点上的理解。在日本，川岛武宜先生定义民法为“资本主义经济、社会的法”，这一定义正符合于上述观点。按照此观点，“人”正是作为权利义务的归属点登场的。

不过，有别于上述理解，以下的观点也是可能的。鉴于今天我们所强调的“人”等于“个人”这一等式的重要性，民法也应该摒弃从财货出发，而选择从人出发。由此，作为一种可能的观点，将其理解为“所谓民法，就是规定和支援每个人的活动的法”，并探讨如何来构想人们得以开展活动的法的空间。

若立足这一观点，阐明民法如何理解“人”，就又一次成为极为重要的问题。存在许多具体的问题：一方面，“（抽象的）人”之外，还要考虑劳动者、消费者；另一方面，除个人外，如何应对“团体”和“法人”；进言之，具有日本国籍的健全的成年男子之外，如何来对待外国人、未成年人、残疾人、女子。

（二）编别问题——从“总则＋亲属”到“人法”

不同于上述原理问题的另一个问题是在民法的体系上如何定位“人”。现行的日本民法典中，“人”被分割开来出现在总则编和亲属编（甚至债权编的侵权部分）中。对此，本文认为应该而且有必要将其作为一个整体来编排。

而这一问题，和如何评价现行民法典的构成密切关联。如果此次债权法修改后的新民法典，采纳实质的“契约法”的体系的话，比照这一做法，是完全可以考虑将实质的“人法”置于民法典之开篇的。

那么，假如债权法修改后民法典的体系基本上也没有变化的情况下，又该如何？即便如此，将实质意义上的“人法”置于民法典中也并非无策可循。比如，日本民法起草人之一的梅谦次郎曾建议的编别，即总则、亲族、物权、债权、继承的顺序，也许是个不错的选择。

五、结语——发现“人法”

如果在民法典编别上将“人法”明确定位，那么“人法”的存在就毋庸置疑。也许暂时先可以这么说，但是这里需要做两个必要的保留。

其一，以上探讨了“人法”的编别问题，但我们不能仅仅止于形式上的“人法”，有必要探究支撑“人法”的原理。其二，与此相对，不管编别上将其置于何处，探究“人法”的原理，才能发现“人法”的存在。

回过头来看，可以说20世纪是“人法”发展的世纪。侵权法、亲属法都是这样。重要的课题是将它们可视化，在民法典中确立“人法”。不过，毋宁说首先应该着手的是厘清20世纪所生成的原理转换之实际状况，并探寻其内涵。

高庆凯译

Ⅲ. 正论：婚姻家庭与非婚姻家庭[①②]

一、引言

从20世纪90年代前半期到20世纪90年代末，我曾经将研究的重点放在了家庭法上。另外，通过两次出国研究（1987至1989和1999至2000年），我直接接触到了法国的家庭法立法，于是开始关注立法学。关于这方面研究的主要成果是1999年出版的《家族法》[③]；还有1995年出版的论文集《法源、解释、民法学》[④]和1999年出版的《消费者、家族与法》[⑤]以及2009年出版的《作为学术的民法

---

① 关于婚姻家庭的法律，日文一般用“家族法”或“亲族法”表示。本译文中除原文书名等特别需要用原文标示处之外，考虑到中国学者的阅读习惯，使用中文法律用词“家庭法”表示——译者。

② 作者曾就本文的内容于2011年10月14日在北京大学法学院讲演。

③ 参见：拙著《家族法》（有斐阁，法律学丛书〔第2版2002年、第2版补订版2004年、第3版近刊〕）。

④ 参见：拙著《法源·解釈·民法学——フランス民法総論研究》（有斐阁，1995年）。

⑤ 参见：拙著《消費者·家族と法——生活民法研究Ⅱ》（東京大学出版会，1999年）。

Ⅰ Ⅱ》[①]等著作中收录的相关论文。在这些成果中，虽然1999年的《家族法》只是一本概论性著作，但可以说它是我对家庭法的主要观点的集成之作。因此在这里主要以这本书为中心，再根据需要介绍一些其他论文中的内容，向大家报告该项研究的背景、成果及其影响。令人感到有趣的是，在《家族法》这本书出版之后，我竟然被人们认为是研究家庭法问题的专家，因此在过去的十几年里，曾经有机会参加了家庭法相关的立法，在此也想将参加立法的一些经验介绍给大家。

下面，先就日本学界关于家庭法的研究和立法状况做一个简单的介绍，然后介绍我本人对这些研究和立法的看法以及家庭法应有的形态。

二、家庭法的研究——以《家族法》一书为中心

（一）家庭法的多元化倾向

1. 家庭的多元化——典型与非典型

我本人撰写的《家族法》的第一个特色，恐怕可以说是不按民法典的编成顺序，而是按照"婚姻家庭的法"与

① 参见：拙著《学術としての民法Ⅰ——20世紀フランス民法学から》（東京大学出版会，2009年）；同《学術としての民法Ⅱ——新しい日本の民法学へ》（东京大学出版会，2009年）。

"非婚姻家庭的法"的对比展开的。这里所说的"婚姻家庭",顾名思义是男女基于婚姻成立的家庭。婚姻的本质在于给所生子女赋予父亲(即嫡出推定制度),因此,关于"婚姻家庭"的法中包括夫妻的法和亲子的法。而串联这两个法律制度的则是嫡出推定制度。与此相对,所谓"非婚姻家庭"是指男女(父母)不具有法律婚姻关系的家庭,它要处理的是离婚后的亲子关系以及婚姻外的亲子关系。

这种对比是之前研究契约法时对典型契约与非典型契约进行比较时产生的灵感。尽管在现代日本,家庭的形态正在逐渐趋于多样化,但是婚姻家庭仍然是家庭类型的主要形态。因此,首先有必要将其作为一种典型的形态予以保护,同时应该从正面承认其他各种家庭或家庭类型,并给予其恰当的待遇。"典型"与"非典型"正是基于这种考虑而确立的。

2. 法的多元化——家庭与契约

多元化现象不仅在家庭法内部,也影响到家庭法外部。这种现象用一句话概括就是"家庭的契约化"。在过去的日本,将没有履行婚姻登记的男女共同生活关系称之为"内缘夫妻",在法理上是被作为准婚姻予以保护的。因此这种法理被称之为准婚理论。具体说就是,内缘夫妻在离异时应予以一定的保护(损害赔偿),这一法理在1915年以后得到发展,此后,特别是在社会保障法领域中已经将内缘夫妻关系视为法律上的夫妻关系。

但是在最近有一种学说逐渐取得权威地位。这就是，它认为对有意不履行婚姻登记的男女关系无需给予其与法律上的夫妻相同的待遇。另外，在判例上也开始出现采用这种观点的判决。我本人在《家族法》主张的就是这种观点。因为通过契约有可能创造出一种与家庭相类似，但又弱于家庭关系的结合。我认为在现代，对这种相对弱的结合的保护也是非常重要的。在我曾经撰写的论文中，诸如 1998 年的“关于再构成家庭的一个考察”，2005 年的“日本法中的兄弟姊妹”，2001 年的“民法中的‘孩子’”等论文中都展示了这一观点。

作为调整交易和组织以外的人与人结合的相关法律，并不仅限于家庭法，契约法也会在这种关系中起到作用。

（二）走向开放的家庭法学

1. 与政策的对接——市场、家庭、社会保障

家庭，无论采取哪种形态，其作用都在于支撑其成员的生活。但是，这并不是说支撑个人生活的仅有家庭。这一点，看护服务就是最好的例子。人们所需要的服务除了可以从家庭中得到以外，也可以从市场中得到，当然也可以从社会保障中得到。所谓“从市场中得到”是指，已具有偿契约接受护理服务；所谓“从社会保障中得到”是指，接受社会保障的给付。

如果是这样，那么就应该说，仅将家庭作为个人与个

人的私人关系予以把握，并仅将其中所发生的纠纷作为解决对象是不够的。我们所处的社会，究竟在哪些方面是要依靠家庭，而又在哪些方面是要依靠家庭以外的什么？从这样的宏观的角度来考虑家庭的应有形态是极为重要的。这种观点还关系到家庭在公法上如何规制的问题，具体地说就是在税法和社会保障法上如何对待家庭（优惠程度）等问题。

2. 家庭法的定位——两种“家庭法”

正是因为存在上述问题，我在《家族法》一书中提出不仅限于民法上关于家庭的规定，还对社会保障法以及税法上的家庭形态予以关注。从这个意义上说，我撰写的《家族法》的对象要比以往的家庭法研究范围更为广泛。

但是，从另一方面说，我的《家族法》只以日本民法中的亲族法编为对象，而不包括继承编的内容。然而，在日本传统的法学上，“家庭法”则是包括亲族编和继承编两个方面内容的。我认为，亲族法与继承法之间有无法作一体性把握的差别。另外，我认为“亲族法”这一概念在“亲族”的存在意义逐渐淡化的日本，用其指谓家庭关系的法并不贴切。如果从这个角度看，我的《家族法》的对象比以往的“家族法”的研究范围又显得更为狭窄。

正是在上述这些方面，我的《家族法》所指谓的范围与以往的通说见解不同，这点可以说是我的《家族法》的第二个特色。这一研究成果当然是直接受到法国法的影响，但德国法也同样是将继承法作为财产法与家庭法之间交叉的领域。

三、家庭法的立法——2011 年亲权法修改之前

日本于 1947 年对民法中的亲族和继承两编作了全面修改，此后又于 1962 年、1980 年、1987 年做过修改。在这个时期，所谓民法修改仅是指家庭法修改。但是，进入 20 世纪 90 年代以后，家庭法的修改开始让人感到不尽如人意，虽然不能说没有成功的例子，但失败的例子却一直在增加。

（一）过去 15 年的立法状况

1. 失败例——1996 年“改正纲要”、2003 年中间总结、2010 年报告书

日本家庭法立法的失败始于 1996 年的“改正纲要”。在这个纲要中，囊括了引入选择性的夫妻别姓制度、离婚原因和离婚给付的改革、非婚生子女继承份额的平等化等内容。按照以往的惯例，如果法制审议会归纳出了修改纲要，本应该原封不动地成为法律，但是因为这个“改正纲要”涉及了家庭形态，在执政党的自民党之中也分成赞成与反对两大阵营。当时因为政府的执政能力不断减弱，因此没有能够做到压制党内反对派的意见将法案提交到国会。从 1955 年到 1993 年，自民党一直掌握政权，但 1993 年这

种政体崩溃，随之进入了多党联合执政的时代。

接下来，2003年的“中间试案”的情况基本与上述情况相类似。这个“试案”的内容是关于生殖辅助医疗与亲子法之间的关系。在政府和执政党中，对于生殖辅助医疗的利用，既有赞成的也有反对的意见。这个“中间试案”中对生殖辅助医疗的利用基本上采取了限制的态度。对此一部分议员希望能够提出更为积极的方案。针对这样的情况，法务省担心重蹈1996年“改正纲要”的覆辙，因此在中间试案阶段便停止了这项工作[①]。

再接下来是2010年的报告书。这个报告书主要是一项降低成年年龄的方案。它的背景是有人提出为了让国民于18岁开始享有选举权，应该降低成年的年龄。然而由于反对在宪法修改问题上采取国民投票制度的民主党于2009年取得了政权，所以国民投票的可能性当时化为乌有。因此，尽管出台了“报告书”，但其后再没有任何要修改这项法律的意向[②]。

综上可以看到的是，对于所有存在政治对立的问题，法的修改都不能得以顺利实现。

---

① 关于这项立法参见：拙文“医療補助生殖と家族法——立法準備作業の現状をふまえて”，载《ジュリスト》第1243号（2003）。

② 关于这个问题，作为笔者的浅见可参考：拙文“民法4条をめぐる立法論的覚書——‘年少者法（こども·わかもの法）’への第一歩（围绕民法典第4条的立法论备忘——青少年法〈少年、青年法〉迈出的第一步）”，载《法曹時報》第59卷第9号（2007）。

2. 成功例——1999年、2001年的民法修改与2003年的特例法

近年来的家庭法立法中有一个展开较为顺利并得以实现的例子。这就是1999年的成年监护制度改革。这项制度是要将对判断力低下的高龄人安排监护人的程序予以简化的制度改革。另一个成功的例子是2011年亲权制度的修改。这个制度的目的在于，为了防止儿童受到虐待，可以采取更为简单的方式停止亲权的行使。这两项修改一个是为了对应高龄化社会，另一个是为了对应虐待儿童。因为能对这些目标本身可以提出反对的人很少，因此这些法律的修改比较容易得到了实现。值得一提的是，日本的高龄化率（65岁以上的人口比例）已经达到23%；另外，虐待儿童的咨询件数已达到5万件，而20年前只有1000件。

与此相对，2003年的性同一性障碍者特例法的制定是一种异例立法。这种立法本身涉及包括男女性别这种根本问题在内的修改，但不知为什么并没有引起强烈的反对。其理由或许是因为在立法中强调了性同一性障碍是一种疾病，并在立法说明中谈到新法所规定的只是一种例外措施等等。这些无疑是给了保守派议员一粒定心丸。

（二）关于家庭法修改的研究

1. 立法提案——家庭法修改与学界的动向

仅就个别的家庭法立法而言，如上所述，既有失败例，

也有成功例，但从整体上看，家庭法立法是处于停滞状态。但是最近对家庭法进行大规模修改的提案在学界呈上升趋势。特别是2009年秋天，日本的三大学会（即日本私法学会、家庭“法与社会”学会、性别法学会）都相继以家庭法修改作为学会的主题。特别是在2010年日本私法学会的研讨会上发表的题为“家族改正”的系列报告，尤其值得关注（我本人也在这个课题组之中）。

家庭法修改在学界引起关注主要有以下两个理由。一是如果现在进行的债权法修改得以完成，很可能接下来就要对家庭法予以修改；另一个是出于一种将现在停滞的家庭法立法局面进行彻底改变的意识。

2. 立法学——多元性与统合性以及开放性与专业性

然而，针对现实的立法有一个必须解决的课题，这就是如何处理在家庭以及家庭法问题上意见不能统一的问题。当然，像亲权修改时那样能够达成一致意见最好，但如果达不成一致意见又应该怎么办？

关于这一点，法国的经验值得借鉴。在法国，20世纪70年代对离婚法制度进行了修改，但是当时国内的意见并不一致。就是说，既有人希望将离婚简单化，同时也有人因持传统的天主教家庭观而不愿意承认离婚。那时，负责起草的人J·卡尔博尼耶所采用的是多元主义的立法观。他当时提出的口号是“让各个人有各自的家庭，让各自的家庭有各自的法”。也就是说，他准备的立法方案是一种站在任何立场上的人都可以接受的多元化的立法方案。而且为了规避反对，还需要政治上的妥协以及象征性的法律名称。例如，在离婚法中一方面保留有责主义的离婚原因，同时在保护同性伙伴关系上采用了“PACS”这一称谓。“PACS”是“Pacte civil de solidarité”的缩写，“solidarité”意为“连带”，在法国社会中是褒义词，“PACS”又与“PAX”（和平）有相通之寓意。关于这方面的情况，在“法国家庭法改革与立法学[①]”（1993 年）和“帕克斯（PACS）的教训[②]”（2005 年）这两篇论文中有详细的介绍和探讨。现在这两篇文章已经分别被收录到了此后出版的论文集[③]。

除此之外，与照顾多元性同样重要的是立法的开放性。这就是，尽量回避只准备一个“好的选择系”这种容易招致抵抗的方法，而是照顾到各种立场准备“复数的选择系”，最后交由国民选择。如果能够做到这样，立法的负担就会大大减轻。法国的离婚法改革就是一个例子，其中所提出的复数离婚原因被称之为“离婚菜单”。

综上所述，现代社会需要的是重视多元性、开放性的

① 参见：拙文“フランス家族法改革と立法学”，载《法学協会雑誌》110 卷 1 号（1993）。

② 参见：拙文“パクスの教訓——フランスの同性カップル保護立法をめぐって（“罗马和平”的教训——法国同性伙伴保护立法）”，收录于岩村正彦、大村敦志编《個を支えるもの》（东京大学出版会，2005 年）。

③ 参见：大村敦志著《法源·解釈·民法学》（有斐閣，1995 年）；同著《20 世紀フランス民法学から》（東京大学出版会，2009 年）。

家庭法立法，但是只有这些还不够。一方面是需要一种在基本性选择上取得一致，这就是无论是持什么样的家庭观，都应该尊重家庭的存在，并予以一定的保护。另一方面，我们要做的不是在各个时期零散立法，更有必要的是从专业的角度在价值和逻辑两个层面上检查立法是否保持了一贯性。也就是说，如果不能做到以统合性和专业性为中心的平衡，也就不可能做到具有稳定性的立法。

四、结语

为了对应家庭的多元化，最重要的是不能陷入单纯的图表式的思考。为了不堕入这种陷阱，更需要一种对家庭和家庭法的变迁进行全面考察的视野。具体地说，比较立法学和历史研究都是有益的方法。我们不仅需要了解各国立法中不同的形态，更要了解它的原因，同时，一国的家庭和家庭法应该是在各自的历史之中生成，因此我们更应该知道它并非简单的构成要素。只有通过这些具体的研究工作，国民和专家才有可能做出相对成熟的判断。

我本人继《家族法》出版之后，于2011年出版了一本《从文学的角度看家庭法》[①]，现在正在准备出版《民法解读

① 参见：大村敦志著《文学から見た家族法——近代日本の家族像》(ミネルヴァ書房，2011年)。

亲族编》。前者是以近代文学作品为素材揭示家庭和家庭法的变迁；而后者则是要揭示民法亲族法编中个别条文的由来，并以此为基础尝试对现行民法中存在的关于家庭的各种观点进行分析。

最后简单地谈一下 2009 年的民主党政权在立法上失败的原因。取得政权后的民主党本来想实现前面提到的 1996 年的改正纲要。学说中也有人认为立法的实现只是时间问题。但是现实并不如此简单，因为并不是说掌握了议会多数议席就可以按照自己的意愿实现立法。关于家庭法的修改，即便是可以去认为有部分反对意见也实属无奈，但是如果不能取得广泛的共识，立法是不可能顺利实现的。2009 年民主党的失败正是证明了这一点。

但是我们必须看到，即便是照顾到了多元性和开放性，要想取得一致的意见（共识）并非易事。恐怕最关键的是，因为这 20 年来立法的停滞，家庭法已经完全脱离了现实这一意识在国民思想中根深蒂固才是原因所在。因此，恐怕让人们认识修改的必要性才是第一个课题，而如何修改则是其后才需要解决的问题。

渠涛译

Ⅳ.正论：契约正义与公序良俗——典型契约[①]

一、引言

从20世纪80年代到90年代前半期，我研究的重点在契约法和消费者法。其主要成果有《公序良俗与契约正义》[②]《典型契约与性质决定》[③]《消费者法》[④]（1998）等。前两本是研究专著，最后一本是概说性质的著作。

本小节主要介绍前两本书的研究背景、成果及影响[⑤]，

---

① 作者曾就本文的内容于2011年10月16日在清华大学法学院讲演。另外，关于本文的研究与三本敬三教授的研究之间的关系可参见：渠涛“公序良俗在日本的最新研究动向”收录于渠涛主编《中日民商法研究》（第1卷）法律出版社2003年版。

② 参见：拙著《公序良俗と契約正義——契約法研究Ⅰ》（有斐阁，1995年）。

③ 参见：拙著《典型契約と性質決定——契約法研究Ⅱ》（有斐閣，1997年）。

④ 参见：拙著《消費者法》（有斐閣，法律学大系〔第2版2003年，第3版2007年，第4版2011年〕）。

⑤ 这两本书出版于20世纪90年代后期，最初是在东京大学《法学协会杂志》刊载的论文。《公序良俗与契约正义》发表于1987年，《典型契约与性质决定》是于1993年至1995年以连载的形式发表的。前者是我在东京大学当助手的时候（1982年至1985年）的研究成果，后者是我第一次到国外进行研究（1987年至1989年）时的研究成果。

最后介绍一点我在这两本书出版之后对今后契约法研究的一些想法，同时简单地介绍一下《消费者法》这本书的研究内容。

二、《公序良俗与契约正义》——契约内容的直接性规范

（一）背景和内容

1. 背景——新判例的出现与“已丢失法理”的发现

在我本人开始研究生活的 20 世纪 80 年代初期，违反公序良俗的法理，并没有被多少人认为是有魅力的法理。之所以这样有两个原因。一个是历史原因。在二战前和二战中民法学曾经过于强调这一法理，而在战后，毋宁说是强调契约自由的见解占据了强势地位。另一个原因是实际性的原因。过去的判例曾经认为作为担保标的的代物清偿预约属于暴利行为，因其构成违反公序良俗而被认定无效。但是到了 20 世纪 60 年代后期，由于判例确立了一种法理，这就是，已获得超额担保的担保权人负有对债权额之间差额清算的义务，因此，违反公序良俗的法理便不能再得到使用。

但是，我本人通过研究发现，最高裁姑且不论，在下级裁判例中，为了应对新出现的问题，而灵活运用这种法

理的裁判例却出现了不少。特别是，在那时逐渐得到重视的消费者保护也逐渐开始利用这一法理。在另一方面，通过对日本民法典编纂过程的调查研究发现，所谓暴利行为论明显是1920年代的学说判例继受德国法的产物。

2. 内容——暴利行为论的重组与“契约正义”的提倡

正是基于上述背景，我本人从两个方面提出了问题。

一方面，我提出应该将暴利行为的判断标准做柔化处理，并将其灵活运用到消费者保护上。实际上，在下级裁判所的审判中，也并没有完全按照最高裁判所的判断标准进行审判。而且，即便是在暴利行为论的母国德国，也有人以各种形式提出过对其判断标准进行柔化处理。

另一方面，我认为，为了使这种解释论得以正当化，有必要重新审视契约法的基本法理。以往的一般思考方法是，契约自由是原则，而应该根据不同情况对其加以限制。但是，当时在法国，已经开始出现了一种针对契约自由而强调契约正义的思考方法。正是因为这样，我经过对法国、德国以及其他几个国家的立法动向进行调查之后指出，在欧洲，从中世纪到19世纪前半叶，契约正义的观点处于支配地位，19世纪后半叶开始强调契约自由，而进入20世纪之后又开始重新重视契约正义的实现，这是主要的历史潮流。

反观日本法的变化，实在是这一世界大潮流的压缩版。具体说就是，在旧民法典（1890年）草案中，就曾有过承继中世纪欧洲广为流行的Légion这种法国式的法理存在[①]，这是一种将对价不均衡可作为契约撤销原因的法理。但最终结果是，日本的旧民法典排斥了这种法理，在现行民法（1896–1898）中交易秩序的维护以及契约当事人的保护被排除在公序良俗的适用对象之外。这就是说，无论是旧民法典还是现行民法典，在立法的当时，自由主义的契约观都占据着非常强势的地位，因此，Légion 法理刚见天日不久便被葬送掉了。然而，到了 20 世纪 20 年代，"法的社会化"开始在全世界范围内得到提倡。在这样的背景下，人们开始强调对契约自由的限制，而日本为了适应潮流，也马上开始继受德国式的暴利行为理论。

从上述考察可以看出，无论从世界范围看还是从日本国内看，强调契约自由仅仅是一个短暂的时期。在现代，契约正义是与契约自由并列的基本原理。因此，应该从正面对其作出应有的认识。这就是我在《公序良俗与契约正义》中的主要主张。

（二）特色与影响

1. 特色——公序良俗的再评价与经济学性的公序论

几乎在我发表上述论文的同时，东京大学的能见善久

① 所谓的 Légion 制度是指因给付不均衡而产生的损害超过一定比例时，承认该契约可以撤销。这是一种将对价不均衡作为契约可撤销原因的法理——译者。

教授发表了一篇主张在违约金规制上应该积极地运用违反公序良俗法理的论文[①]。由于我本人的论文和能见的论文作为两篇这方面研究的大部头成果的出现，进入 20 世纪 90 年代后，一度处于停滞状态的公序良俗论引起了学界的关注。石田喜久夫教授和椿寿夫教授等权威学者也就此问题展开研究。特别是，椿教授组织的课题组于 1995 年出版了一本题为《公序良俗违反的研究》[②]的大作。

我本人也受椿教授邀请，参加了他的课题组并发表了新的研究成果。这就是一篇题为“交易与公序[③]”的论文。这篇论文主要是讨论违反行政性取缔法令的法律行为的效力问题。它首先找出以往的所谓“原则有效论”的前提，而论证现在应该转采“原则性无效”，进而主张有效与无效的判断应该以是否构成违反公序良俗为标准。所谓原则有效论主张的是，公法上的取缔性法令与私法上的民法无关；而原则无效论主张的是，重视取缔性法令的否定评价，一旦违反它即构成违反公序良俗。这一论文对其后的学说产生了很大的影响，而且最近还出现了在关于是否违反反垄断法的审判中采用了这一观点的判例。

---

① 参见：能見善久“違約金·損害賠償額の予定とその規制（1–5·完）”，载《法学協会雑誌》第 102 卷 2、5、6、10 号，第 103 卷 6 号（1985–86）。

② 参见：椿寿夫、伊藤进编《公序良俗違反の研究》（日本评论社，1995 年）。

③ 参见：拙文“取引と公序——法令違反行為効力論の再検討（上下）”，载《ジュリスト》第 1023、1025 号（1993）。

以上介绍的我的公序良俗论，在其后的学说中逐渐被称为“经济学性的公序良俗论”。它的意义在于，违反公序良俗的法理不仅作用于维护政治制度、家族秩序、性风俗，还包括对经济秩序与交易当事人的保护。这就是我本人关于这方面研究的创新点。

2. 影响——山本敬三论文与消费者契约法以及债权法修改

此后，到 20 世纪 90 年代后半期，京都大学的山本敬三教授发表了一系列关于违反公序良俗法理的论文。这些论文今天被收录到了《公序良俗论的再构成》[①] 一书中。山本教授的观点是违反公序良俗的法理是用于保护基本权利的法理，正是基于这种认识，人们将其称为“基本权保护论”[②]。

如此大规模展开的关于公序良俗的研究自然开始影响到了立法。其具体的例证就是，在 2000 年制定的消费者契约法中设置了关于在消费者契约中的不当条款作为无效的规定。该法的第 10 条就说明日本民法 90 条关于违反公序良俗的规定在特别法中得到了具体化。另外，在 2009 年开始的法制审议会民法（债权关系）部会讨论债权法修改时，

---

① 参见：山本敬三著《公序良俗论的再构成》（有斐阁，2000 年）。

② 关于这一点可见于笔者对山本教授的回应。参见：拙文“山本敬三《公序良俗論の再構成》を味わう——‘公序の未来’または民主主義の再定位と民法·民法学の役割”，载《民商法雑誌》第 125 巻第 5 号（2001）。

其中就有人提出在关于违反公序良俗的规定之后设置关于暴利行为的规定，而且其设想的适用范围超过了以往判例。

正是经过这些过程，姑且不论是不是我提出的契约正义或者山本教授提出的基本权保护，可以说不正当的契约内容应该作为违反公序良俗积极地认定为无效这一观点现在已经作为定论被日本学界广泛承认。

三、《典型契约与性质决定》——契约内容的间接规范

（一）背景与内容

1. 背景——法国的研究状况与日本的研究状况

《典型契约与性质决定》①是继《公序良俗与契约正义》之后的研究成果。它的出发点在于对法国契约法的关注。我本人于20世纪80年代后半期有一段时间居住在法国。当时我想通过对那以前30年的主要学位论文进行探讨来掌握法国契约法学的主要动向。那时，作为总结各种研究观点而提取出来的是“契约类型”。

具体地说就是，我将众多的研究成果以五个层次进行了分类。第一是关于（买卖、赠与及其他）个别契约类型

① 参见：拙著《典型契約と性質決定——契約法研究Ⅱ》（有斐閣，1997年）。

的研究；第二是将各种契约类型如何进行分类，以及怎样处理非典型契约的研究；第三是契约类型及原因与性质决定关系的研究[①]；第四是法官如何适用契约法的规定的研究；第五是有关立法及习惯等契约法法源的研究。

在这样的研究中，我当然也有意识地与日本的研究状况进行了比较。前面提到的京都大学山本敬三教授在题为“补充性的契约解释论”一文中曾提到过“典型与个别”的思考方法[②]；冲野真已教授（现任教于东京大学）也曾经对这一点表示过关注[③]。另外，河上正二教授（现任教于东京大学）从融资租赁契约的角度也探讨过契约类型的意义[④]。

2. 内容——契约类型的意义的再发现与比较法的新方法

基于上述背景，本人确立的课题是“克服当时日本民法学轻视‘契约类型’的倾向”。

---

① 所谓“原因”是指，契约拘束力发生的理由，就有偿契约而言，对价的存在即为其理由。因此，仅有合意的存在是不够的。所谓“性质决定”是指，就买卖而言，通过找出可构成买卖特征的要素，对某契约作出其为买卖契约的判断。一旦可以作出判断，即可以将关于买卖的规定适用于该契约。

② 参见：山本敬三“補充的契約解釈（1–5）– 契約の解釈と法の適用との関係に関する一考察”载《法学論叢》第 119 卷第 2、4 号，第 120 卷第 1、2、3 号（1988）。

③ 参见：沖野眞已“契約の解釈に関する一考察（1–3）——フランス法をてがかりとして（以法国法为切入点）”，载《法学協会雑誌》第 109 卷第 2、4、8 号（1992）。

④ 参见：河上正二“契約の法的性質決定と典型契約 – リース契約を手がかりにして”，收录于《加藤一郎先生古稀記念——現代社会と民法学の動向》（下）（有斐閣，1992 年）

在规范契约的问题上，应该避免将具体契约嵌入某一种契约类型，而应该根据各种不同的契约提出对应的规则。持这种观点的代表学者是来栖三郎教授[①]，并得到我妻、铃木、星野等各位教授的支持。但是，这种典型契约否定论对于各国民法已经就典型契约设置完善规定的意义何在却无法作出充分的说明。从根本上说，之所以能够做出个别对应的原因就在于标准性的对应在每个类型之中得到了明确规定。因此，我们不能无视类型的存在来考虑这个问题，而且在实践中大家也没有这样做。

当然，这并不等于说所有的个别契约都可以放到典型契约中来处理。因为现存的契约类型并不能完全囊括实际存在的新型契约。但是，在遇到民法典中没有规定的契约时，我们还是要去探究这种契约的性质，讨论它的要件和效果，进而尝试做出类型化处理。例如，融资租赁契约就是一种新的契约类型（非典型契约类型）之一，或者说信用卡相关契约也是同样的。

以上的观点从方法论上看，与重视个性（自下而上型）的利益考量法学不同[②]，而与重视类型和概念（自上而下型）的法学再评价有异曲同工之处。我现在认为，利益考量法

---

① 参见：来栖三郎著《契約法》（有斐閣，1974年）。

② 利益考量论是1960年至1980年间在日本占统治地位的法解释方法。长期以来，它一直被理解为是一种认为：法的使命在于针对个别问题寻求具体的妥善的解决方法。

学有其独特的存在理由[①]，但当时我却只是想强调与其不同的法学的意义。

另一个方法论上的观点是与比较法研究有关的。此前的日本民法学上的比较法研究，要么是对某种规定的历史沿革进行研究或者对理论学说史的研究，概言之，是对某种限定的对象从其历史的角度进行比较。与此相对，我本人要尝试的是，姑且将历史放在一边，代以从不同的层面进行范围广泛的比较。这种方法一方面考虑到了法国民法学的研究方法，同时将这些方法运用到比较研究之中。此后这种形式的比较研究方法开始逐渐增多。

（二）特色和影响

1. 特色——要件事实论的定位与契约类型的三种功能

实际上，《典型契约与性质决定》中的绪论部分是在 1991 年发表的题为“‘脱法行为’与强行规定的适用”论文中[②]。在这篇论文中，我提出了应对“脱法行为”的方法，即①事实认定层面；②法律适用层面；③规范订立层面。这里所关注的是，要明确法律适用的程序。我的典型契约论

① 如拙文“‘時効に関する覚書’に関する覚書”，载《慶応法学》第 10 号（2008）；同“法教育からみた利益考量論－民法典·民法学と法教育·その 2”，载《法と教育》創刊号（2011）。

② 参见：拙文：“‘脱法行為’と強行規定の適用（上下）”，载《ジュリスト》第 987，988 号（1991）。

就是根据这些做出来的，它要揭示的是如何适用典型契约的类型。也就是说，它是以契约为切入点讨论法的适用过程。

这一讨论引起了法实务家，特别是对要件事实论比较关注的司法研修所的教官们的关注。如果买卖契约成立将适用关于买卖的任意性规定，那么，买卖契约的成立究竟应该以怎样的事实予以认定？要件事实论要明确的正是这一点。其本质可以说是使法律适用过程定型化（即可以让所有的法官以同样的方法适用法律）。我的典型契约论被认为是与要件事实论相辅相成的理论，因此对实务界产生了一定的影响。

的确，契约类型对于法律适用具有辅助功能。这一点在我的研究中称之为分析基准功能。但是，它不仅限于此，契约类型还有两个功能。这就是，内容调整功能和创造辅助功能。一方面，游离于契约类型之外的契约内容一般缺少合理性，契约条款内容不够明确时（或者即便明确），需要将其放入类型之中进行解释。这是间接性的内容规制的手法之一。另一方面，在创造新型结构的契约时，又会利用现有的类型作为其出发点。关于这点将在后面详细讨论。

2. 影响——从小粥、竹中、石川博康等论文看“性质决定”的普及

在我获益颇多的法国法中，类别因素（如果是买卖就是买卖）是确定契约类型的一种征象，是否存在一种类别因素对其性质决定起关键作用。从这个意义上说，因素与典型契约、性质决定之间具有紧密关联关系。在《典型契约与性质决定》之后，这种主张得到了扩展性的研究。小粥太郎教授（现任教于东北大学）、竹中悟人准教授（现任教于学习院大学）的因素论研究以及石川博康教授（现任教于东京大学）的“契约本性”研究都是这方面的力作[①]。

正是上述这些论文提高了学界对典型契约论的关注，进而推动了因素论等方面的研究。进言之，这一研究甚至改变了以前的法律用语使用方法。比如，以前说“这个契约如果能够解释为买卖……”，而现在却说“如果该契约能够以买卖作性质决定……”。它显示了的是，“契约的解释”与“契约的性质决定”是不同层次的程序概念，而这一认识得到广泛认同。契约的解释要做的是确定契约的内容，而性质决定则是如何使用法律的规定。

四、结语

20 世纪 90 年代的日本民法学的中心课题是契约法学。吉田克己教授（北海道大学）曾将山本敬三的理论定位为“个人中心”，将内田贵理论定位为“社会中心”，而将大村

---

① 其中作为专著出版的是，石川博康著《契約の本性》(有斐閣，2010年)。

理论定位为国家中心。我本人对这样的定位并没有更多的意见，同时认为将我的观点定位为重视国家确实比较贴切。之所以这么说，是因为在我的《消费者法》中就明显地体现了这一点。这就是，消费者问题并不是仅限于解决个别的事业者与个别的消费者的纠纷，更需要关心国家采用什么样的消费者政策。

但是，在出版了《典型契约与性质决定》一书之后，我现在关心的却是如何对前面谈到过的契约类型中的“创造辅助功能”进行进一步深入研究。在《典型契约与性质决定》之后，我曾经写过一本小书，题为《创造为生活服务的制度》[1]。在这本书里我主张的是可以通过利用既存的法律制度（特别是契约）创造出对于我们自己容易使用的“制度”。在这里我将这种创发性的社会称之为“契约社会”。我认为，现在日本正在进行的“债权法修改”所指向的社会形态就应该是这种“契约社会”。

渠涛译

① 参见：拙著《生活のための制度を創る——シビル·ロー·エンジニアリングにむけて（创造生活上的制度——对民法技师的向往）》（有斐閣，2005年）。

第二部分

日本民法研究的 60 年

——研究的前提

Ⅰ.正论：物权法的基本问题[①]

一、引言

关于日本法上的物权，在日本民法典第2编物权编上以狭义区分为一般物权法与担保物权法。本文不按照这种区分，而从“所有权的移转”和“所有权的性质”这两个方面整理一些日本物权法上的重要问题。

另外，在日本民法典总则编中还有关于“物”的分类——例如，“动产与不动产”（第86条）以及“主物与从物”（第87条）等作为物权法基础——的规定，这方面的内容也不在本文探讨的范围之内。

① 作者曾就该论文的内容于2011年10月25日在黑龙江大学法学院讲演。

二、所有权的移转

（一）不动产物权变动的法律构成——日本民法典第177条的问题

1. 不动产登记制度与对抗要件主义

在日本民法上，土地与建筑物被分别作为两个不动产。尽管这一点没有直接的法律规定，但在规定不动产登记的不动产登记法上是以此为前提的。具体说就是，依照不动产登记法分别设有土地和建筑物两种登记簿。

日本的不动产登记簿依土地和建筑物分别编成，登记簿由三部分组成。这就是：①标示土地和建筑物本身特定信息的“表题部”；②记录所有权移转的“甲区”；③记录所有权以外的权利设定或移转的“乙区”。以前的登记簿采用活页形式，就一个不动产的上述三项内容是由三张活页纸攒在一起的，但时至今日不动产登记簿已经实现了计算机化处理。

在日本，就不动产权利变动（物权变动）而言，登记簿上的登记具有以下意义。

第一，在当事人之间，如果有物权变动的原因存在，则即便没有登记，权利也可以有效地移转。例如，如果买卖契约成立，所有权可以仅依此从卖主移转到买主（民法

第 176 条）。第二，要以该物权变动对抗第三人，则需要有登记。按上面的例子说就是，需要将以买卖契约为原因的所有权移转进行登记。

需要注意的是，采用与这种登记不同制度的国家有很多。例如，法国的登记是将权利移转的证书缀集成册；而德国和韩国等在不动产变动上所采用的是登记生效主义，中国又采用了登记生效和登记对抗的双轨制。

2. 问题：二重让与的法律构成

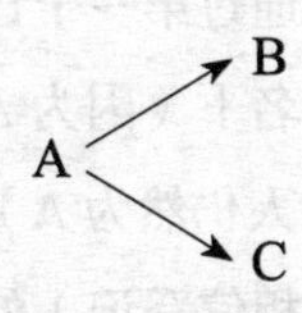

以 A 向 B、同时又向 C 变卖了同一不动产的情况为例，在日本法上，先具备登记（移转登记）的一方先取得所有权。

按上图说就是，AB[①] 之间的买卖契约即便没有登记也有效成立，但如果不具备登记，则 B 不能以自己的所有权对抗第三人 C。反过来说，如果 C 具备了登记，则 C 就可以以自己的所有权对抗第三人 B（民法第 177 条）。

对于这样的制度，在结论上没有人反对。但是，要说明它为什么这样，则会有相当大的难度。因为，依 AB 之

---

① 用词说明：关于甲乙、XY 等。在日本做排列使用时，除适用数字（123…）或英文字母外（ABC…）外，也经常使用甲、乙、丙、丁等汉字。一般的使用方法是，在案件比较时用“甲案”、“乙案”；而在案件中的具体当事人的排列上更多使用 ABC 或者 XYZ；而在判例研究中使用 XYZ 时更多的是以 X 作为原告，以 Y 作为被告。

间的契约，不动产的所有权已经从A移转到了B，从这个阶段开始，A理应已经不是该不动产的所有权人了。如果是这样，与作为无权利人的A签订契约的C理应不能有效取得该不动产的所有权。尽管如此,C还是可以取得所有权，这究竟应该怎么解释呢？这就是所谓“二重让与”的法律构成问题。

关于这一点，有很多学者作出过各式各样的解释，其中之一是被称作“公信力”的观点（半田正夫，参见后附文献表）。依该观点作出的解释来说就是，A通过第一个让与已经成为无权利人，但因为登记仍在A的名下（因为A没有将登记转给B，在登记簿上记载的所有权人仍然为A），因此有必要保护相信只有A才是所有权人（相信登记）的C的“信赖”（付与登记以公信力）。民法第177条正是基于此法理而设。

但是，如果C当时知道A已经不是权利人，则C便不再是出于对登记的信赖。公信力说认为这种出于恶意的C是不值得保护的。也就是说，C要想取得所有权，需要就A为无权利人属于善意。

但是，判例和通说并不采用这种公信力说，而采用“背信的恶意者说”认为即便C不是善意也可以取得所有权。只是在C为“恶意者（并非单纯恶意，还需要存在诚信原则上不能允许的情况）”时，才不予适用民法第177条（从法技术上排除其为第177条规定的“第三人”）。

（二）不动产变动与第三人保护——民法94条2项的问题

1. 第一阶段——民法第94条地2项类推适用法理的出现

日本法上，登记不具备公信力。因此，即便是因相信虚假的登记而进入了交易也并不当然地取得权利。例如，就某不动产而言，尽管有A名义的登记，但如果A是真正的无权利人，从A处购买该不动产的B是取得不了所有权的。

然而，在本来的权利人就A名义进行虚假登记上有需要担当的责任时，信赖虚假登记的B将会受到保护，即B可以取得所有权。这是由判例形成的法理，作为法律构成就是，对于这种情况可以类推适用民法第94条第2项的规定。

民法第94条第2项规定本来针对的是这样一种情况，即以通谋作出的虚伪意思表示时，行为人不能以该意思表示无效对抗第三人。例如，C与A通谋进行了买卖，并将登记由C移转给了B，该契约因本来不存在理当为无效，但这种无效不能对第三人B进行主张。也就是说，这种虚假的契约应作为有效处理，因此A会被作为权利人。

在另一方面，判例对于虽然不是严格意义上的“通谋”而有与其相类似的情况认定为可以类推适用第94条第2项。仅限于这一点，自然可以得出与承认登记具有公信力相同的结果。

2. 第二阶段——民法94条2项类推适用法理的扩张

最初，第94条第2项只是被作为在有限情况下适用的，但后来主张应该扩大其适用范围的学说逐渐占据了权威地位。在日本，与此相关的问题——诸如“撤销预登记”、“取得时效与登记”、“遗产分割与登记”、“继承的放弃与登记”等等——有很多，而这些都会集中到是否可以适用第94条第2项（抑或适用第177条）这一点上[①]。

三、所有权的性质

（一）近代所有权论的展开——来自马克思主义的影响

关于所有权本身，在20世纪中叶以后（1950~1980年）的日本，受马克思主义影响的、被称之为“近代的所有权论”的观点曾经产生过很大的影响力。这类观点分别在三个领域以不同的方式展开。

1. 习惯上的权利关系——入会权研究

第一是对习惯上的、团体性的权利的研究。所谓入会权是进入本村所有（或邻村所有）的山林割草拾柴的权利。

---

① 关于公信力说以及94条2项类推适用法理的研究详见后附资料中川井和镰田合著书，以及《ジュリスト特集号》。

这一研究想要说明的是，在以个人单独所有为原则的近代的所有权制度下，这种习惯上的权利只能被作为边缘性的存在予以定位，而且，因为作为其基础的村落共同体正在趋于解体，入会权本身也同样面临着解体[①]。

2. 不动产租赁权的物权化——借地借家人的保护

第二，关于保护借地借家人的立法和判例的动向，曾有以如下形式说明的学说最为广泛地得到过认可。这就是，将这种动向作为不动产租赁权的物权化来把握，并主张这种物权化的方向是近代的所有权的反战方向。这种观点认为应该付与实际从事农业经营的农民以更为强有力的权利（所有权或者物权化了的租赁权）。为此，这种观点也得到了旨在改变20世纪前半叶的地主制度这种实践性的观点的支持[②]。

3. 作为价值权的抵押权——对利用权的介入

第三是主张在近代的所有权制度下，抵押权仅掌握不动产的价值而不介入对其利用的权利。但是，在1990年泡沫经济破灭后出现了完全不同的情况，为强化抵押权的效力而承认对利用权的介入这种观点趋于强势，可以说，判例和立法也在朝着这一方向运动[③]。

---

① 参见后附参考资料中戒能、川岛、加藤等相关著书。
② 参见后附参考资料中渡边洋三等学者的著述。
③ 参见后附参考资料中铃木——道垣内的著述。

（二）社会变动与不动产——来自新自由主义的影响

时间到了上个世纪80年代后期，日本也受到了新自由主义的强力影响，就不动产领域的法律而言，主要有以下两个动向值得关注。

1. 城市与不动产——不动产泡沫与《借地·借家法》的修改

第一，在1990年代得到加强的《借地·借家法》修改活动。实际上，通过1991年和1999年两次对原来的《借地·借家法》的修改，已经变成了全新的《借地·借家法》。

以往的《借地·借家法》的一大特色在于，对借地权和借家权的强有力保护。这就是，尽管租赁期届满，对于出租人而言，一是要尽快提出拒绝租期的更新；二是这种拒绝更新只要没有正当理由，租赁契约将被作为已经自动更新处理。

如此一来，土地或建筑物一旦出租，就很难再想将其收回来了。于是，土地的所有权人便对出租自己的土地犹豫不决。为此，在土地需求极度增加的20世纪80年代，一种通过加强土地所有权人的权利来增加土地供应量的观点得到了广泛认同。

其结果是，1991年出台了定期借地权制度；继而又在1999年出台了定期借家权制度。定期借家权旨在刺激泡沫经济破灭后达到冰点的不动产市场。具体说就是，说5年就是 5 年，实实在在地将房屋借给你，但 5 年后也要实实在在地搬出去。这样，就可以再以更高的价格出租给新的承租人。说白了，就是鼓励人们投资这种房产。

这些法律的修改活动是由一部分经济学者和政治家强力推进的，而对此提出反对意见、力主对借地人和借家人权利保护的民法学者们被扣上了“抵抗势力”的帽子，遭到批判①。

2. 灾害与不动产——阪神大地震与区分所有权法的修改

第二，因 1995 年阪神大地震灾害引发的公寓楼翻新和重建的问题。但是因震灾受毁损的公寓重建曾遇到了许多疑难问题，在这里姑且不对此一一展开讨论。其实，即便没有震灾引发的问题，因为日本大规模展开公寓建设始于 20 世纪 60 年代末期，所以当时本来也面临着公寓翻新和重建这一重大问题。

翻新和重建面临的最大障碍是在《建筑物区分所有权法》中关于重建的要件的规定不够明确。关于这一点，该法中就重建的要件只规定了：建筑物“老朽化”，修缮需要“过大的费用”。而“老朽”和“过大的费用”这种概念过于暧昧，因此而引发的诉讼时有发生。也正因为如此，重建基本上都难以成行。

为此，2002 年通过修改建筑物区分所有权法铲除了这

---

① 参见后附参考资料中稻本洋之助的著书。

种暧昧的要件，从此不再适用客观上的“老朽化”和“过大的费用”的判断，而改以“只要得到居民同意即可重建”为其要件。

值得注意的是，这里规定的“同意”并不是全体一致的同意，只要主张重建的一派能够聚集到一定的人数，即便有反对派存在也可以强行实施重建。以前，尽管反对重建的只是少数派，但“老朽化”和“过大的费用”的要件可供其作为抵抗手段，而这次建筑物区分所有权法的修改剥夺了这一“抵抗手段”。

对于这一修改的立法也有反对意见。反对意见认为，反对重建的人中多为希望维持现状的高龄人，而修改后的法律却将这些人驱逐出了可利用该法的行列[①]。

参考文献

半田正夫:《不动产取引法の研究》劲草书房，1980年版。

川井健:《不动产物权变动の公示と公信》日本评论社，1990年版。

不动产登记制度研究会编:《不动产物权变动の研究（ジュリスト增刊）》有斐阁，1983年版。

① 参见后附参考资料中山野目章夫著书。

镰田薰:《民法ノート物权法(第3版)》日本评论社,2007年版。

戒能通孝:《入会の研究》日本评论社版,1943年版;一粒社版,1958年。

川島武宜等编:《入会権の解体1~3》岩波书店,1959~1968年版。

北条浩:《部落·部落有財産と近代化》御茶の水书房,2002年版。

加藤雅信:《"所有权"の诞生》三省堂,2001年版。

渡边洋三:《土地·建物の法律制度(上·中)》东京大学出版会,1960年版。

稲本洋之助:《借地制度の再検討》日本评论社,1986年版。

小柳春一郎:《震災と借地借家》成文堂,2003年版。

铃木禄弥著《抵当制度の研究》一粒社,1968年版。

松井宏兴:《抵当制度の基礎理論》法律文化社,1997年版。

道垣内弘人等:《新しい担保·執行制度(补订版)》有斐阁,2004年版。

山野目章夫:《建物区分所有の構造と動態–被災マンションの復興》日本评论社,1999年版。

渠涛译

Ⅰ.辅论：从日本法看“中国物权法中的所有权制度”

——评渠涛报告和陈华彬报告①

一、引言

由9章78条构成的中国物权法所有权制度，很多方面耐人寻味。但由于时间和能力的关系，在此仅以对中方学者的两个报告评论的形式，谈几点感想。

我想提出的问题分为两大部分：第一部分是中国物权法规定对象的界定；第二部分是关系到中国物权法背景的一些想法。这两部分也仅仅是基于从日本法的视角进行单纯比较而已。

① 本文为作者在中日民商法研究会第6届大会（2007年于东京大学召开）上的发言，后日文版收录于星野英一、梁慧星监修，田中信行、渠涛编集《中国物権法を考える》商事法务出版社2008年版；中文版收录于渠涛主编《中日民商法研究》（第7卷）法律出版社2009年版。

二、物权法（民法）疆域——规定什么？

（一）关于私权和公共的关系

渠涛先生的报告里对国家和所有权的关系寄予了很大的关心。即一边主张“物权法毕竟是私法中的制度……对国家和公共利益的保护……似乎不应该作为私法中的具体制度”，同时又主张“物权法中对征收作出一般性的规定是有必要的”。这两个主张虽然看起来好像比较矛盾，如果从“私法”的角度来理解物权法的话，公共利益的规定基本上是没有必要的。但是，有必要对“私权”的公共保护进行规定的想法，也是完全可以理解的。

当然，与上述保持平衡的方法不同的选择也是有可能的。比如说，现行的日本民法典中，没有规定国家所有权，也没有规定征收。要充分保障“私权”，渠涛先生可能也会同意这种处理办法。但是，完全相反的处理办法也不是不能想到的。日本的旧民法典也规定了“公有”的概念，把“属于公有法人的供国家所用之物”作为规定对象（财产编22条）。另外，还对“公用征收”的原则做出了宣示性规定（财产编31条）。

关于私权和公共的平衡取向，也许不把民法纯化（换个说法为缩减）为“私权”也是一种可行的办法。只是，要想解消渠涛先生的疑虑的话，或许就应当强调中国物权法第39条的原理了。

（二）关于规定区分所有权

陈华彬先生的报告里，对物权法规定建筑物区分所有权制度给予了积极评价。中国物权法专门以一章十四条规定了区分所有权，涉及停车场（74条）、垃圾（84条）等问题。作为民法典中的规定可以说是非常详细的了。但是，对区分所有的关系进行详尽规定的话，需要非常复杂的法技术。在日本法中，民法典只设了一条规定，取而代之制定了作为特别法的区分所有法。该法成立以来曾修改过一次，增补过一次。

虽然这么说，但是就在现代社会发挥着重要作用的区分所有而言，规定在民法典里有很大意义。可以说，民法典的突出表现在于，它不仅限于国际交易，它与国民生活也具有密切联系。今后，即使需要一些详细的规定，理想的办法仍然还是应该将其委以细则规定，而将中心性的规定保留在民法典中。只有这样，民法典才能作为行为规范广泛地为国民所接受。

三、物权法（民法）的背景——如何考虑？

（一）关于归属和变动

虽然口头报告时被省略掉了，渠涛先生的报告中涉及到了立法技术的问题。在此，想提一点与他的报告不同的立法技术上的问题。中国物权法有“A 属于国家所有”（46 条 · 47 条 · 48 条 · 52 条前文）和“法律规定属于国家所有的 B，属于国家所有”（47 条下文 · 49 条 · 51 条 · 52 条下文）等规定。可能前者的规定是属于 A 的财产都属于国家，后者说明了属于 B 的财产的一部分属于国家。如果是那样的话，B 在物的性质上可能并不一定属于国家所有。

反观 A 又怎么样呢？一见觉得 A 在性质上好像只属于国家。41 条的解释也好像可以证明这一点。53 条虽然有限制性规定，但是，规定了对国家所有权的处分权利。最少可以说是 B 的话，国家可以处分，那么 A 该如何对待呢？以上的问题，也关系到渠涛先生的报告里所指出的“根据权利主体对所有权分类”的基本想法。

（二）关于主体的性质

在和主体的关系上，想提一下集体所有。渠涛先生在报告中提出了农村土地集体所有实际上是“总有”的看法。但同时又指出“物权法……没有‘总有’制度”。那么，中国物权法的集体所有，以及都市集体所有的法的性质到底是什么呢？

这个问题派生出以下的问题。当说到“国家所有权 · 集体所有权 · 私人所有权”时，“国家 · 集体 · 私人”是否表现了主体。也就是说分别是享有权利的主体，是否作为法人资格来对待的？这个问题还诱发出以下的问题：即68条所规定的“企业法人以外的法人”是什么？以及69条规定的“社会团体”又是指的是什么？

按道理来说，可能有两种看法。其一，“国家所有权·集体所有权·私人所有权”，各自包含了主体的应有的存在形态。其二，“国家所有权·集体所有权·私人所有权”，只是显示了所有权的应有形态，没有考虑主体的应有存在形态。不管怎么说，也许下一个课题应是对主体进行更深入的探讨了。

当对主体进行探讨时也一定会涉及民法的基本思想。把自然人作为“人”的原型，承认作为“人”所固有的（proper）权利（property）“所有权”。如何摆正这种私权思想和公共（国家/集团）利益的关系？这不单是中国的问题。

四、结语

上文第二部分“物权法（民法）的疆城——规定什么？”的问题，也许是反映了我对日本存在的所有权的私事化和民法脱离法典化倾向的疑虑。另外，第三部分“物权法（民法）的背景——如何考虑？”的问题，也许是因为我对中国物权法缺乏了解。即便是那样，我还是希望以上的问题能唤起两国学者的一点共鸣。

胡光辉译

Ⅱ.正论：日本继承法的基本原理

一、引言

在日本，过去二十年来对家族法进行了各种修改。在1996 年的民法“改正纲要”中曾经提出过引入选择性的夫妇别姓制度以及破裂主义的离婚原因；此外还有对消除非婚生子女与婚生子女继承份额差别的尝试。另外，2003 年曾经尝试过因生殖辅助医疗而对亲子法进行修改。韩国的家族法修改于 2005 年和 2008 年并接连不断地取得成功。与此相对，日本家族法的修改却进行得不尽如人意，上述这些修改方案都没有能够得到实现。只有 2001 年与防止虐待儿童相关联的亲权停止制度得以实现。此外，学界还就共同亲权和婚生子女推定制度提出过立法论。与家庭法相对的是继承法，而继承法的情况却与家庭法大相径庭。关于继承的纠纷从 20 世纪 80 年代开始不断增加，判例也随之增加，特别是在遗留份额方面形成了比较详细的规则。尽管并不是没有特别法，但是可以说关于继承法的修改并不多见。这究竟是什么原因？有一点是可以确定的。这就是如果不是简单地作分修改，而是对继承法进行根本性的修改，就有必要对现行继承法的具体内容进行准确的把握。然而，在日本，继承法的研究是最为薄弱的领域。从根本上说，日本的继承法究竟具有什么样的特色恐怕都不一定能够得到明确。但是，不认清这一点，就无法对继承法应有的形态和内容作出清醒的认识。

在这里，我准备尝试性地对日本继承法的基本原则进行考察。为此，就需要与明治民法（1898年民法的继承法）之间进行比较。由此，揭示明治民法与现行民法（1947年民法）之间究竟发生了怎样的变化以及在哪些制度上没有变化。通过这些考察或许可以揭示日本民法的特色所在。具体来说，作为个论问题，即祭祀的继承、继承人的范围、养子与遗言等三个问题分别讨论，在此基础上来观察“继承的目的”的变化。

二、具有特征的制度

（一）继承的对象

1. 家督继承与遗产继承

在明治民法中继承分为两个类型。一个是家督继承，另一个是遗产继承。家督继承的对象是作为家长的户主的地位和归属于户主的家产，将其一揽子归一个继承人继承。

以此相对遗产继承的对象是户主以外的家庭成员的个人财产，这种继承由附属继承人继承。

在现行民法中，家督继承已经被废止。也就是说户主的地位以及家产这些特别的继承规则已不复存在。户主的财产和家庭的财产之间再没有任何区别，所有的财产都作为个人财产服从于同一继承规则——明治民法中的遗产继承规则。

我本人将这种规则称之为“减法式改革”。因为家督继承不是一个理想的制度，应该废止。如果是这样，那么什么样的继承制度才是理想的呢？1947年的日本立法者们回避了对这一点作出积极的价值判断。关于遗产继承不应该分男女长幼予以歧视，而应该将其规则一般化，从而作为继承的规则。

日本现行继承法的一大特色是继承人的范围极其狭窄。可以说之所以这样是因为遗产继承（并非大额财产，只供遗族生活即可。如果没有继承人存在可以将其归属于家产）为副次性形态的继承和重要性较低的继承。

2. 遗产继承与继嗣继承

严格地说，在现行民法中被继承人的财产并不是仅依单一的规则承继。的确如法条规定，被继承人的一切财产包括债务均由继承人继承（第896条）。但是这里有一个例外，就是祭具、家谱、坟墓等与祭祀相关的财产。关于祭祀财产，由承继祭祀的人继承（第897条）。这就是说，在祭祀财产问题上，并不与不分性别长幼的均等继承规则相涉（更多的情况是，由男子中年长者）单独进行继承。如果换一个角度看，的确家督继承已经被废止，但是在祭祀财产问题上，即便是在今天也仍在适用恰如家督继承依旧存在那样的继承规则。当然这也仅仅是一种例外。迄今为止人们一直都是这样认为的。

然而，围绕祭祀财产的继承的纠纷实际上却很多。关于这方面有一个不可忽视的问题就是围绕目的的利用和管理问题。例如有一例纠纷就是这样发生的。因丈夫 A 死亡，妻 B 考虑为丈夫建造一块新的墓地而将其遗骨埋葬于此，但是 A 的父亲 C 想把儿子的遗骨埋到自家的墓地中。有一个重要的宪法判例为众人所周知，即 1988 年自卫官合祭事件——作为基督教徒的妻子不愿意将亡夫放到护国神社祭祀，与此相对，父亲却想让儿子进入神社得到祭祀——的事例曾经就是一个典型的案件。

祭祀财产如果以所有一切归属于祭祀承继人作等同划一的规则，再将遗骨的性质也作祭祀财产予以确定，这种纠纷恐怕是不可避免的。

（二）继承人的范围

1. 配偶的地位

如前所述，日本继承法的一大特色是继承人的范围。其中配偶继承权得到高度保护是值得注意的一点。配偶无论在任何情况下都可以作为继承人（第 890 条），在 50%（如果有子女作为继承人时）到 100% 的范围内享有继承权（第 900 条）。

与最近才承认配偶享有固有继承权的法国法相比，日本对配偶强有力的保护是压倒法国法的。但是在继承问题上配偶得到如此强有力的保护难道就是理所当然的吗？

日本的大多数学者对这一点没有疑问。但是我感到这里有很多问题。因为它会滋生“笑着的继承人”。

在日本有一个词叫“成田离婚”，因为成田是日本的国际机场的地名。如果在韩国就应该叫“仁川离婚”，同时在中国可能叫“首都机场离婚”。这个词是指新婚夫妇在去新婚旅行前或者是在回来之后，在机场关系闹翻以后导致的离婚。在这种情况下配偶可得到的离婚给付恐怕近似于零，因为不存在夫妇共同生活的实际形态的发生，所以这种处理是理所当然的。

然而，新婚旅行的飞机坠落，男女双方的一方（特别是丈夫）死亡的情况又会是怎样呢？当然另一方（特别是妻子）会自动地得到一半以上——如果没有子女是三分之二以上——的遗产。在事故中失去丈夫的妻子可能会痛不欲生，但是如果知道可以得到巨额的财产之后有可能会偷着笑。如果将人作为合理性的经济人来理解的话，这种情况下为幸运而高兴恐怕是一种自然的表现。但是如果从法与正义的观点看，只能说配偶的继承权过大。

2. 继承人不存在与特别缘故者

将遗产交给完全没有血缘关系的配偶这种事情在有家督继承的时代完全不可想象。但是在遗产继承的规则里，这种事情就不奇怪了。另外在没有血缘关系近亲者存在时，遗产将会归属于国家（第959条），但是如果是家督继承恐怕无论如何都要避免这种事情发生。另外在现行法中，在没有继承人时，可以将遗产分给所谓“特别缘故者”（第958条之三）。这种事情在家督继承中也不可想象。然而这些事情在遗产继承的情况下都不足为奇。

从上述考察可以看出，现行继承法并不是将血缘关系继承人作为继承人予以绝对化的继承法。财产的流转无需根据血脉的流转而流转，根据情况不同，也许归属于国家，有时还可以归属于其他人。

（三）被继承人的意思反应

1. 继承人的废除与收养

在家督继承制度下，由谁来做家的接班人是重要的问题。当然由长子作为接班人是最为普通的，但是如果是嫡氏尊长的儿子，即便他是长子也可能不被作为接班人。当然父亲不能完全肆意排除长子做接班人，但是在满足一定条件的情况下，可以采取一种“继承人的废除”的程序。

另外，在没有接班人的家里将会通过收养其他人家的孩子做养子来维持自家香火的存续。明治民法中就规定了可以简单地进行收养的规定，实际上为了家而收养养子在当时非常普遍。明治时代日本的代表作家夏目漱石和尾崎红叶的作品中就频繁地出现过养子。再说夏目漱石本身就曾经有过养子的身份。

2. 让特定人继承的遗书

在另一方面我们可以看到在 20 世纪 90 年代显示继承法飞跃发展的是遗书制度。这种制度的内容是“将特定的财产让特定的继承人继承”。简单地看上去，这好像与遗赠相同。它的实质与遗赠是相同的，不同的是在纳税问题上。让特定人继承的遗书制度，因为它使用了“让特定人继承”这一概念，便可以在税法上适用低于对遗赠课征的赠与税率。

这样一来，被继承人就可以灵活运用税制上的优惠规定而基于自己的主导权来优待特定的继承人。这一点构成了 20 世纪 90 年代以后日本继承法的一大特征。这就是说通过遗书来推翻民法上规定的均等份继承原则的倾向正在不断加强。

它的背景是享有均等份继承权的子女并不同样履行看护和扶养父母亲的义务的情况很多。因此父母对于对自己老后生活做出过贡献的特定的子女通过遗书予以报赏。反过来说，通过这样的遗书制度而增减继承份额，又可以鼓励特定的子女们对父母提供看护和扶养的服务。

三、继承观的变迁

（一）从“为了家”到“为了个人”

1. 收养法的情况

中川善之助（1897~1975）曾经对收养法的发展以图表的方式揭示了一个过程，即“从为了家的养子经过为了父母的养子最后到为了子女的养子”。他认为现代的养子是为了子女的养子。但是这种图表式的揭示最终却没有与日本法合上拍。在学说上人们赞成养子应该是为了子女的。但是现在的养子都是在为了养子而做的吗？结论则是否定的。因为现代法中为了付与没有父母的子女父母亲而设置的“特别养子”制度基本没有得到使用。

2. 继承法的情况

关于继承法，人们一直认为是在从“作为家产承继的继承”而走向“作为生活保障的继承”。当然这一点也可以改称为是从“为了家的继承”导向“为了妻子子女的继承”。然而自20世纪80年代到90年代以后，“作为扶养看护对价的继承”开始被明显地提了出来，这只能说是“为了自己的继承”。总而言之，应该说无论是收养还是继承已经不再是“为了家”，而是否是“为了子女”，回答肯定是“否”。的确个人主义的色彩现在正在加强，直接表现出来的并不是“他人”而是“自己”。

（二）基于家庭法的观点

对于上述各种情况，如果从家庭法的观点重新审视，将会有以下问题。

第一，从家产的承继转向遗产的承继。首先继承的对象已经逐渐丧失了“家产”的性格。如果是“家产”，原则应该是将其进行保持（或者是增值）从上代向下代代代相传。但是，“遗产”是以个人财产作为概念界定的，因此个人为自己自由使用没有受到任何妨害的理由。

第二，从家的承续到妻子子女的生活保障。自由使用的目的最早是为了妻子子女的生活保障。当然，平均寿命相对较短，而且将还要长期生活下去的、作为未亡人的妻子和年幼的子女们抛下而死去的人，当然会祈愿妻子子女得到生活上的保障。即便是就此没有做出具体的意思表示，也应该将继承财产用于妻子子女的生活保障。这一观点长期以来一直受到广泛的支持。但是在今天无论是自己还是配偶都面临着老后的长期生活。从另一方面说，在自己死亡的时候，更多的情况是子女已经可以生活自立。如果是这样继承财产的使用就不应该是留给自己死后的孩子们而是活着的自己与配偶。在这样的社会背景下这种观点得到逐渐的加强，可以说是自明之理。

（三）从财产法的观点看

如果从财产法的观点看这一问题，恐怕有以下情况需要考虑。

1. 从法定清算走向任意清算

以往的继承是将被继承人的财产关系通过法律规定来进行清算这样一种构造。其中“特别受益”和“寄与份”这两种制度恐怕就是基于这两种观点成立的。进言之，日本继承法中规定配偶的大比例继承份额，恐怕离开这种观点的支撑则无法说明。

但是如果需要清算的话，这种清算是不是应该放在继承这种法律格局以外来进行呢？亲子之间、子女之间、夫妻之间的清算如果在继承以前进行的话，继承法便没有必要再承担清算的功能。比如就夫妻财产制而言，如果采用共有制性质的话，配偶继承份作为一种拟制——会导致不公正的结果——的清算便不再需要。

2. 取得原因的无因化

那么，在清算功能分离之后，还剩下的功能又有什么？我的回答是这里什么都不复存在。从继承人的角度看，继承是财产取得的一种方法，但是这种取得无论从名目还是实际都是无偿的，难道不应该说这是一种无因的取得吗？将自己的财产选择赠与给为某种活动目的的NPO，与让特定的继承人继承两者之间的选择上，没有任何可以称之为有意义的差别。也许这就是继承法将来应有的形态。

四、结语

明治民法上的继承法与现行民法上的继承法之间，在其形态上大相径庭。日本法在某种意义上说，可称之为“继承法的实验室”。在现行民法的继承法中，日本（尽管日本是以资本主义为前提）作为世界的先驱曾经尝试着对继承功能进行缩减。20世纪后半叶的日本社会可以说是将依继承的财产承继最小化的社会。作为它的前提，经济民主化（农地改革、财阀解体）具有重大意义。战后的日本是以多数人不具备可继承财产的社会而起步的。

在这样的历史过程中，继承法中残留的作用功能只是在于生活保障和清算。如果前者的功能衰退，而剩下的则只有后者。而且在后者中关于家庭内的清算，也有可能向继承之外的领域分离。如果是这样，继承中所留下的东西恐怕只剩下了对外性的清算。在人生游戏终止的时候，玩家留下的财产（权利义务）将会由谁承继呢?

这的确是一个问题。但是为了解决问题确实需要继承权吗？当游戏结束时对所有一切进行清算而不再继承（与非盈利法人的解散和清算时一样，处理剩余财产），难道就不行吗？恐怕日本的继承法作为这种问题的对象是最为贴切的一种继承法。当然即便如此，需要继承法这一观点也不是不可能成立的，恐怕这样的时候，应该重新审视何谓血缘。

渠涛译

第三部分

日本民法研究的 120 年

——研究的方法

Ⅰ.正论：20 世纪的日本民法学 ①

一、引言

在这里回顾一下日本民法学的历史。由于时间所限，不能详细展开。只是举出三个时代特征，介绍各个时代的学者，以及他们各自起到过的作用，最后简单谈一谈现在的民法学。在进入正题之前，我们先看一下整体情况。

二、三种要素——主体、方法、功能

1860/1858　1884　1897　1921/1926

（Boissonade→）梅·富井→鸠山　→我妻　→加藤·星野 → ?

末弘　→川岛·来栖 →平井

1887　1909/1910　1937

图 1

① 作者曾就本文的内容于 2011 年 10 月 29 日在上海交通大学讲演。

下面对图 1 从三个角度作简单说明，但在此之前，我要简单回顾一下日本民法典的历史。

日本于 1890 年做出了最初的民法典，起草人是法国学者博瓦索纳德。此后，又在 1898 年做出了现在的民法典。这部民法典的起草人是日本人，图 1 中的梅先生和富井先生是其中的起草人。再到后来，1947 年日本对家族法进行了大规模修改，我妻先生也是起草人。

第一，关于主体，第一行可谓是主流，而第二行可谓是支流。

第二，关于方法，粗体字是逻辑指向较强的学者，而斜体字是事实指向较强的学者。

第三，关于功能，圈框内是经济指向强的学者，而斜体字是社会指向强的学者。

在这里，姑且不再进一步详细展开，只想指出一点，二十世纪的日本民法学（从末弘到加藤、星野），显示出一种事实指向强的趋势，这种事实又可以分为“经济”与“社会”。

以下按日本的各个历史阶段来看日本的民法学。

三、大正期（1921~1933）的日本民法学

（一）末弘严太郎——对“活法”的探究

在末弘以前的主流，是以日本概念法学为代表的鸠山

秀夫，而批判鸠山秀夫的则是末弘严太郎。

末弘于 1921 年出版的《物权法》中主张应该探求“活法”和“本土化”。他认为，将横排的外国文献翻译成竖排的日文的时代已经结束了；尽管同为法律，因各国情况不同实际使用的方法也会不同，应该将现实中所使用的法的形态予以明确。在同年，作为达到这一法学指向的方法，他开始主张“判例”的重要性，并在东京大学设立了民事判例研究会。末弘的代表作是 1924 年出版的《农村法律问题》和 1926 年出版的《劳动法研究》。这些著作显示了末弘积极应对当时最重要的社会问题的学风。末弘提出这种观点的背景是以吉野作造为代表的民主化运动。这一运动取其发生时代的年号，称之为“大正民主化运动”。

（二）我妻荣——对《资本主义经济发展与法》的揭示

对鸠山的逻辑指向和末弘的事实指向进行综合，并且揭示综合这些指向的价值（指导原理）的是我妻。当时我妻所依据的是受马克思主义影响的经济发展论。我妻的代表作是 1929~1931 年之间发表的系列论文“在近代法中债权的优越地位”。我妻荣在这篇论文中，从宏观的角度对资本的展开过程进行了探究。他认为，前期资本（土地资本）经过产业资本转向金融资本，换言之就是，资本主义的核心已不再是土地，而是债权。在此研究成果的基础上，他撰写了教科书《民法讲义》(1933年)。这套教科书在日本长时间被作为民法学的标准，而且，被作为“通说”的常常又是指我妻荣的见解。可见我妻荣的观点在日本民法学界及法实务界长期占据了统治地位。需要说明的是，因为日本没有像中国的司法解释那样的由公权力机关作出的解释，因此，被称为“通说”的支配性学说的意义尤为重大。

从上述考察可以看到两位学者都受到了当时历史的影响，即末弘受到20世纪20年代大正民主化运动的影响，而我妻荣则受到了20世纪30年代盛行的马克思主义的影响。

四、占领期(1945~1955)的日本民法学

(一)来栖三郎——何谓“法的解释”

来栖三郎并没有留下更多的著作。但是，他于1953年在日本私法学会上所作的“法的解释与法律家”的讲演非常有名。之所以有名是因为，来栖三郎在这篇讲演中提出“法的解释”是主观性的，解释的人必须对自己的解释承担责任。也就是说，法解释并不是认识而是实践。战后日本的法解释长期受到该讲演的影响。

(二)川岛武宜——“作为科学的法律学”的变迁

与此相对，川岛武宜所设立的目标是树立一种作为认

识的法律学，即作为科学的法学。但是，川岛所说的“科学”的内容却随着时代的推移发生了变化。川岛武宜最初的起点是马克思主义的社会认识论（其代表作是 1947 年出版的《所有权法的理论》）。但在此后，他又将重点放在了各种各样的习惯调查上。再后来，我们可以看到，川岛所关心的重点又因为各个时代的社会科学潮流发生变化，即接连不断地转向对判例的预测、裁判的程序、纠纷的理论等等方面。从整体上看，美国以及斯堪的纳维亚的现实主义法学的影响逐渐得到加强。

综上，我想指出的是，来栖和川岛的民法学与因战败而导致的实体法体系崩溃之间有密切的联系。来栖法解释方法论背后的问题意识所针对的是当时政府对规定放弃战争的宪法第九条的肆意解释；而川岛则试图通过社会调查揭示战前日本表面上看似已经得到完善的近代法与实际上处于前近代化的社会之间的反差。

五、经济增长期（1968~1981）的日本民法学

（一）加藤一郎——利益衡量论的登场

战争结束后不久，日本的法律制度重新得到完善。同时新出现的各种社会问题又等待着人们去解决。正是为了回应这种社会需求，可以说才有加藤一郎利益衡量论的登

场。加藤认为，应当首先衡量当事人之间的利益关系，然后为了得到一种结果而作出灵活的法律解释。加藤的代表作是《民法中的逻辑与利益衡量》（1973 年）和《不法行为（增补版）》（1974 年）。可以说，不法行为当时正是需要加藤式法解释的法领域。之所以这么说是因为，加藤活跃在 20 世纪 60~70 年代的民法学舞台，民法的中心问题曾集中在交通事故和公害等不法行为的法的问题上。

（二）星野英一、北川善太郎——历史研究和比较法研究的方法

众所周知，星野英一与加藤一郎同时提出了利益考量论，但是更重要的是他提出了应该回顾民法的各种规定历史，并应该采取回归母法的研究方法。特别是他的“法国民法对日本民法的影响”是得到极高评价的论文（参见同著《民法论集》第一卷 1970 年），它向人们揭示了一个重要的问题。这就是，一直被人们所信奉受德国民法典影响极强的日本民法典，其实在相当程度上留有法国法的影响。星野所使用的方法通过其后多数年轻学者的使用，遂在研究方法上占据了统治地位（经濑川、内田的助手论文其地位得以确立）。

在同一时期需要特别指出的是，北川善太郎在所出版的大作《日本民法学的历史与理论》（1968 年）指出：德国对日本法学的影响是在 1910~1920 年通过学说实现的，并

将其称之为“学说继受”。这一对日本民法学的认识，后来被广泛接受。

应该说，在这个时期需要灵活的解释方法论来对应社会的变化，而人们已经认识到德国式的理论并不是唯一的。

六、其后的民法学

（一）平井宜雄——法政策学与法学基础理论之间

平井宜雄于 20 世纪 80 年代出版了两本重要的著作：一部是《法政策学》，另一部是《法学基础理论备忘录》。

平井宜雄的《法政策学》是加藤等不法行为研究视野的扩大版。在针对大型公害诉讼问题上，他指出法官要做的不是单纯地解决纠纷，而是政策决定，因此应该从效率和正义两个方面评价政策的决定。在另一方面，平井在《法解释基础论备忘录》中对于自来栖到加藤、星野重视价值判断的法解释提出严厉批判，并提出应该代之以重视逻辑性的讨论，其结果可以认为是提出了对传统法学的再评价。

平井的两本著作中，在 1990 年曾经一度显示出其影响力的是《法解释基础论备忘录》。但是，我个人认为，平井的法政策学需要重新评价，前一段就此发表了论文。

（二）20世纪90年代的四个论争

日本民法学界在20世纪90年代曾经发生过四个论争。

第一个是围绕《法解释基础论备忘录》展开的星野与平井之间的论争。这一论争尽管显示了相互之间某种程度对对方理论的理解，但最终是沿着两条平行线展开的。但是，更年轻一代的学者却感到了平井理论的魅力所在。

第二和第三个论争发生在90年代中期，是池田与道垣内的论争和森田与朝见之间的论争。这两个论争的主要内容是提出了一种批判观点，即不重视历史沿革和比较法，而重视国内法的体系性的解释方法有什么不对？在这一论争中可以看到重视逻辑的平井理论的影响。作为这一论争的局外人，也有人在承认批判的合理性的基础上支持池田和森田的基础研究的意见（大村）。

第四个论争是90年代末发生在平井与内田之间的论争。这一论争让人感到略有感情色彩浓厚之嫌。其背景是平井对内田撰写出版的现代风格的教科书感到不快。因此论争是围绕着民法教育上意见相左的问题而展开的。

2004年法科大学院教育的启动，对于重视研究的平井来说应该是感到非常苦闷的。另外，2006年开始的民法修改工作也会让重视争论的平井感到不够刺激。还有，在上述两项改革中，由川岛发起，由平井批判性继受的“作为科学的法律学”也在开始衰退。平井对此也应该感到非常不满。

综上考察，应当说平井的时代在 20 世纪 90 年代已经结束，新的时代已经开始。那么，新的时代又会是什么样的时代，我也说不清楚。但是，应该迎来什么样的时代才是最为理想的，我还是有自己的看法。如果要将我的看法全部讲出来，恐怕还需要一个讲座的时间，在这里仅简单列举重点。

我认为在新的时代中值得关注的转换有以下四点：第一，将会从以法解释为中心向以立法为中心转换；第二，从重视研究转向重视教育；第三，从对欧洲法的继受转向亚洲法的形成；第四，从注重事实转向注重价值的更新。

关于今后的研究方向就谈这么多，最后想谈一谈日本民法学在与法国和德国民法学比较上的特征，作为今天报告的总结。一共有两点：

第一，日本民法学的方向是由日本近代法为继受法这一性质决定的。日本与欧洲以外的很多国家一样，在实现近代化的过程中都不得不继受与本国固有法不同的欧洲法，因此都会在"写着的法"与"活着的法"之间的差异上出大问题。

第二，日本民法学在二十世纪这个时代大大地显示出了自己的特征。20 世纪的课题是如何应对"社会问题"。"社会主义"给出了一个答案，而资本主义又不得不以各种形式考虑阶级和贫富差别等问题。在这样的背景下，比起法体系的整合型，更应该重视对具体问题的解决。

以上日本法显示出的特征既有优点也有缺点。优点在于，它在敏感领悟法与社会关系的问题上超过了欧洲，而且，对外国法的高度关注也应该是它优点之一。而缺点在于，对法体系和法概念本身应担负的价值的考量被弱化，于是便不自觉地将法作为工具来考虑。如果没有什么问题出现便不去立法这种现象，也许也应该说是一个缺点。

在新的时代，需要的是发扬优点克服缺点，我刚才列举的四点正是与这一点紧密关联。

渠涛译

Ⅰ.辅论：地震灾害与日本民法学

——以借地借家为素材①

一、引言

2011 年 3 月 11 日发生的东日本大地震，造成 2 万多人死亡、失踪，海啸引发的核事故不但对日本国内、对周边各国也带来持续的不安。和 2004 年的印尼苏门答腊岛地震、2008 年的中国四川大地震相比，此次日本地震虽然死亡人数较少，但毋庸置疑是继 1995 年阪神淡路大地震之后，给日本社会造成重大打击的灾害。

3 月 11 日之后，围绕此次地震的报道、评论的种类不胜枚举。在法与法学界，核损害赔偿审查会的活动引人注目，此外，许多法律杂志也刊载了有关大地震的特辑。这次地震会对日本社会的存在方式产生各种各样的影响。

① 本文为作者曾提交给中日民商法研究会第 10 届大会（2011 年于北京召开）的论文，后收录于渠涛主编《中日民商法研究》（第 11 卷）法律出版社 2012 年版。另外，作者曾以本文为基础内容于 2011 年 10 月 22 日在在大连海事大学法学院讲演。

提及日本经历过的大地震，1923 年的关东大地震也是众所周知。那次地震的死亡失踪人数达到 10 万人。关东大地震不仅改变了东京这座城市的面貌，而且其影响也波及日本的社会结构。民法、民法学与大地震也并非无缘。

子曰：“温故而知新”。回顾并探讨过去的经验，可以为思考当前我们所面临的问题提供线索。下面，在先前经验的基础上来探讨关东大地震对其后的民法与民法学产生的影响。首先，以借地借家的相关问题作为其具体的例子来考察。其次，在此基础上探讨民法学的整体的动向。最后，试着从以上讨论中得出若干启发。

二、借地借家法的展开

（一）震后废墟搭建简易房问题

关东大地震造成东京东部的平民生活区基本全部被烧光，其结果导致“火灾废墟上简易房问题”（临时建筑）的产生。也就是说，产生的问题是：在土地上居住、营业的人，其所在土地的所有权不属于自己，是否可以在建筑物燃烧后的土地上搭建简易房，继续居住、营业。居住、营业的这些人中的绝大多数都希望可以继续，但是土地所有人、建筑物所有人都对此拒绝，由此产生了许多纠纷。

这一问题，在租房方面表现得尤为严重。依合同，租借人有利用建筑物的权限，在此限度内可以利用建筑物的宅基地。不过，依照民法的观点，标的物灭失则合同终止。这样一来，租借人就丧失了利用宅基地的权限。没有经过房屋所有人的允许，租借人在房屋被烧毁的土地上搭建简易房，就构成了不法占据。

（二）纠纷解决

为解决这一问题，曾有过两个方法：一个方法是，发布租借人可以居住营业的紧急勒令[①]；另一个方法是，灵活运用借地借家调停法。实际上，政府采用了后者。

具体来讲，其做法是，大地震发生约一个月之后，亦即 1923 年 9 月 6 日之后，以东京平民生活区为中心，在东京 13 区内各设置一处“借地借家调停委员会派出所”处理纠纷。这些派出所，起初是搭建帐篷，后来也搭建了临时的简易房。之后，约四个月期间，共受理案件约 15000 件，其中调停约 6000 件。调停委员中，参加者也有东京大学教授牧野英一、三潴信三、鸠山秀夫、末弘严太郎、穗积重远等。

关于调停的情况和成果，穗积重远在其论文《大震火

① 明治宪法规定的在国会闭会期间的紧急的情形下，天皇发布的代替法律的勒令——译者。

灾与借地借家调停法》[1] 中作了详细的报告。据穗积介绍，调停取得了一定程度的成果（在约 6000 件的调停中，调停成立的有约 4000 件，撤回的 1000 件，未结案的约 1000 件。据说，不成立的几乎不存在，但撤回的实质上又属于不成立）。不过，从调停的性质来看，建筑物所有人如果不服调停，就不可能有效果。由此，如后所述，有必要通过对实体规范的解释来救济租借人。

在进入这一话题之前先插一个题外话。关东大地震时，末弘严太郎、穗积重远曾组织学生们救援受灾者。以此为契机，学生们住在平民生活区域，并在医疗、育儿、法律援助等方面，根据当地居民的要求开始进行社会福祉活动。特别是，社会福祉团体设立的法律援助部，是日本法律援助所的先驱，并且实际上通过它观察社会上发生的法律问题，在这一点上其也引人注目。通过这一尝试，产生了“临床法律学”这样的词汇。

（三）实体规范

在裁判上发生纠纷的时候，需要通过对实体规范的解释来承认租借人的土地利用权。围绕烧毁之后搭建简易房的问题的讨论情况，小柳春一郎教授在其著作《震灾与借地借家》中简洁地作了归纳。查阅当时的学说，有学说不

① 该文载《法学协会杂志》第 42 卷第 5 号，1924 年。

承认租借人搭建简易房，相反多数见解对此持肯定态度。不过，这些见解的法律构成多种多样，从鸠山秀夫的权利滥用论到末弘严太郎的震灾复兴土地区划整理方案，出现了各种各样的观点。

末弘在区划整理事业中，主张对租借人之前的租赁权给予一定考虑。这一见解对其后的立法产生了影响。现在的罹灾都市借地借家临时措置法（1946 年制定）第 2 条规定的优先借地权，可以说就是这一观点的延伸。也就是说，该条第 1 款规定“遭受灾害的建筑物灭失当时的建筑物租借人，在其建筑物的宅基地上不存在借地权时，对土地的所有人，从本法施行之日起 2 年内，以建筑物所有的目的作出租借的请求，由此，优先于他人，在相当的土地租借条件下，可以租借土地”。

然而，对此优先借地权，也有批评认为租借人的权利过于强大。要适用临时措置法，需要根据政令来指定区域。不过这次的日本大地震，仙台律师会要求，不进行区域指定（2011 年 5 月 25 日意见书。另外，2010 年 10 月 20 日日本律师联合会也发表了意见书修改稿）。其理由之一是，赋予强大的优先借地权反而会激化纠纷。

不过在学说中，还可以看到牧野英一的以生存权为根据的学说和穗积重远所提倡的居住权利的学说。牧野的生存权论乍一看好像有些过激，不过他也是以一时的利用权为根据而不是租借人享有永久的土地利用权。与此相反，穗积的见解是“出租人的义务不单单是提供房屋，而是提供住所”，在此基础上穗积认为，要对房屋的所有人课以重新建筑、重新租赁的义务。这一见解是和《临时措置法》第 14 条规定的优先借家权相衔接的。该条第 1 款的条文内容是：“遭受灾害的建筑物灭失时该建筑物的租借人，在该建筑的宅基地上，在该建筑灭失之后，对于该租借人以外的人最初建造的建筑物，在建成之前提出租借请求，由此可以优先于他人，在适当的房屋租赁条件下，租赁该建筑物。”

优先借家权是否能够充分发挥作用，在今天也有讨论。然而，对此问题，我在此不展开探讨。仅就前述牧野和穗积主张的生存权、居住权的观点之后展开的讨论做若干考察。关东大地震发生时萌芽的居住权论，在第二次世界大战之后的住宅难的时代，又一次成为讨论的对象。对于这种讨论的详细状况，在此予以省略，在此仅介绍具有代表性的研究，铃木禄弥的《居住权论》①的相关论述。

铃木认为，“借家法保护的对象、称为比财产权更高层次的权利的措辞，可以使用‘居住权’这一用语”②，“我始终坚持的立场是：所谓借家权，具有独立的财产价值这一意义上的财产权性质较弱，这里涉及的问题就是：不是对

① 参见：铃木禄弥《居住权论》（有斐阁，1959 年）。

② 参见：同上铃木禄弥书，第 70 页。

借家人的财产、而是对其居住的保护，这种居住的保障，从社会法的观点在建筑物的所有人牺牲其租赁房屋的所有权中来实现”[①]。所谓居住权，就是“具有生存权色彩的权利，但是又不是宪法上的生存权本身，而仅仅是租借人对他的房屋所有人——尽管市民法上的合同关系已不存在——可以主张继续在该房屋中居住的权利”[②]。

二次大战的住宅难的时代过去之后，作为宪法上的权利也好，作为民法上的权利也罢，围绕居住权的讨论就越来越少了。不过，当今，无家可归者逐渐增加，或许有必要再重新审视作为生存权性质的居住权。而在面临着同样问题的法国，也出现了将“居住的权利 droit au logement”作为人格权的一个种类来构建的学说上的尝试。可以说，关东大地震发生时的学界讨论，在现在又复苏了。

三、民法学的展开

（一）向法的“社会化 socialisation”的转换

关东大地震之后出现的诸种学说，一方面承认租借人的生存权和居住权，另一方面也认为房屋所有人权利滥用。其背后曾存在法思想的巨大转变。牧野英一在大地震之后

---

① 参见：同上铃木禄弥书，第 103 页。

② 参见：同上铃木禄弥书，第 2 页。

即发表的题为“法律思想与复兴的精神”[1]的论文中说：所有权也好，契约自由也好，都不能说是民法的基本原则。牧野英一的论述如下。

“一直以来的法律思想中，其基本原理是所有权和合同自由。不过，所有权和合同自由的合理性，近来逐渐遭到质疑，并且和其社会效果相关联，作为十九世纪资本主义的结果而产生的社会问题成为非常棘手的问题。简易房问题是对所有权观念的最切实的批评。这样一来，地震格式条款问题就是对契约自由的一个非常大的挑战。”

牧野所关注的是对问题的解决方法。简易房问题曾是大地震所导致的一个问题。然而，不能将此作为一种例外来理解，在日本，也有必要将其作为实现“法律思想的改造”。具体来说，就是把它看做第一次世界大战之后在欧洲出现的“法的社会化”的契机来理解。

（二）对“社会问题 questions sociales”的关注

促使这种法思想的转换的，与其说是地震本身，不如说是因地震而呈现出的“社会问题”。正如上述牧野也提到的，在欧洲经过十九世纪，资本主义的弊端逐渐显现出来；而在日本，资本主义的发达和其问题的发现，两者是二十世纪初同时进行的。

---

① 载《东京商科大学复兴丛书第2辑》，1924年。

灾后废墟上简易房的搭建未必全是劳动者实施的，但是当时人们把这个问题当做劳动问题的一环来理解。当然，劳动问题是个很重要的问题，但是当时的社会问题并不仅限于此。那么将目光离开大地震来看，日本资本主义所存在的佃农问题、妇女问题等问题也被人们意识到了。

（三）向“社会学主义 socialogisme”的倾斜

大地震之后的日本民法学深刻认识到社会问题的存在以及对此的应对的必要性。其结果之一是上述的法的社会化的主张，而另一个逐渐显著的结果是向“社会学主义”的倾斜。

进入 1990 年代，平井宜雄展开对来栖三郎所代表的战后民法学的批判[①]，其批判的对象便是“社会学主义”。这样的社会学主义就是大地震之后的日本民法学的遗产。

来栖三郎是接受穗积重远的指导，穗积和末弘说，不应该重视逻辑而是应该重视事实。本文开头所提到的穗积的论文就正是基于这样观点而写成的。这篇论文要表明的是：并非简易房的问题在理论上应该如何解决，而是这一问题实际上是如何解决的。

---

① 参见：平井宜雄《法律学基础论的研究》（有斐阁，2010 年）。

四、结语

概言之，20 世纪初的关东大地震，是日本民法学者强烈认识到社会问题的存在之契机。从价值层面上来讲，法的“社会化”得以推进，同时在方法的层面上，“社会学主义”得以普及。

21 世纪之初的东日本大地震对于接下来的民法以及民法学将产生怎样的影响呢？这一次的大地震，具有大幅改变日本的法、法学的存在方式的影响。但是，和九十年前不同，对这次灾害的理解和评价的框架在目前并没有充分展开。“社会”这一词被取而代之，这次大地震中“自然”、“连带”、“媒体”这些词被推到前面，但我们还没有酝酿出能够统括这些词汇的思想。

不仅是应对个别问题，也不仅仅是“加油，日本！”这些口号所能解决的，辨别洞悉今后的社会与法的应有的状态是日本民法学者所共同期待的。同时，很明确的是，这一问题也不仅仅是日本一国的问题。如何构建能够通力应对不测灾难的社会？对这一问题，多国的同仁有必要共同思考。

高庆凯译

Ⅱ. 正论：今后的民法学

——日本民法学的现状（2001–2011）与课题[①]

一、引言

1998 年是日本民法典实施 100 周年。我根据这一年的讲义教案于 2001 年出版了一本《民法总论》。这本书既不是民法总则的概论，也不是民法整体的入门书。它只是想以系统学习过民法的学生为对象，总结揭示日本民法的整体形象。具体说就是，论述了作为日本民法背景的社会情况以及方法上的特色等等，可以说是一幅对日本民法和民法学的自画像。从这本书的出版到今天正好经过了 10 年。下面我想通过回顾这 10 年之间日本民法的发展为我自己的《民法总论》做一个“升级”版。我的《民法总论》曾经是对 20 世纪的回顾，与此相对，今天要谈的是根据 21 世纪最初 10 年发生的事情，展望未来 10 年乃至 20 年的民法学

① 本文内容为作者于 2011 年 10 月 26 日在复旦大学所作的讲演。

发展。

那么，这10年究竟发生了什么呢？对日本法学界来说，有三件大事：一是2004年法科大学院的启动；二是2006年开始的民法典修改工作；三是2009年开始实施的裁判员制度。再进一步看整个社会，日本国内发生了东日本大地震（2011年），另外世界规模的金融危机，所谓雷曼兄弟银行破产事件（2008年）也应该纳入视野之中。

上述的所有这些事件，对日本民法和民法学都产生了千丝万缕的影响。以下从四个角度来看一下这些影响。这就是，在立法方法及教育目的上表现出来的变化，以及东亚的发现与市民社会的确立。当然，无论从哪一个角度看到的问题都是重要问题，不可能简单地对其论述得一览无余，以下只能对一些基本观点进行概述。

二、立法的方法

（一）大立法时代与立法提案

1. 构造改革与民事立法

自20世纪90年代后半期开始，人们呼吁构造改革。在这个构造改革的大潮中，民事立法遂发生了巨大的变化，这一变化被称之为“大立法时代”。在程序法领域有民事再生法的制定，破产法、公司更生法的大规模修改等；在商法领域，除制定了公司法、保险法之外，还制定了金融交易法和新的信托法。这些立法一方面促进了企业组织的构造改革，同时也促进了金融手段的合理化。在民法领域对担保制度的完善，《债权让渡特例法》的适用范围扩大等也可以作为上述潮流中的现象予以定位。

2. 将作为最后一个回合出场的民法

作为一系列民事立法剩下的最后一个回合是契约法的修改。因为组织更新和金融促进方面的立法得以实现后，所需要的是如何实现交易的现代化（这里的“现代化”是指国际化、连续化、组织化、服务化等现象）。现在，在日本正在进行的所谓债权法修改，并不是对民法债权篇整体进行修改，其对象仅限于债权篇中关于债权契约的部分和总则中与债权契约相关的部分（法律行为和消灭时效）。因此，毋宁说，这次修改就是对“契约法”的修改。

3. 民法的独立性

关于民法的修改我们不能忘记以下几个问题。

首先，民法不仅仅是交易工具。一方面，当然，我们期望在契约领域也能做到对应交易当事人的属性，但它并不是全部，在民法的其他领域中应该作出符合现代的个人和社会形态的规定。其次，我们应该认识到民法并不是“商人的法（lex mercatioria）”，而是“共通的事项 = 共和国（res publica）”的法。

（二）法律修改的过程

1. 审议会改革及其影响

伴随着2001年开始的政府机构重组，各省、厅中的审议会也进行了大规模的调整。仅就负责民法修改的法务省法制审议会而言，它已经从常设部会和概括性咨询方式修改为限期部会和个别咨询方式。用一句话总结就是，本来常设的民法部会对推进民法修改具有主导权的方式已经被摒弃，取而代之的是，按照具体问题分别设置部会来回答咨询这样一种方式。

2. 修改的动因及其掣肘因素

这次修改出现的一个新现象是，民法修改开始受到政治和媒体的强烈影响。当然，法律的修改应该按照国民的需要进行，因此政治和媒体的参与本身是没有问题的。但问题是，要想做到既不受短期性的舆论导向的左右，又能实现可以倾听国民声音进行立法这一目的，究竟应该怎么办。学说尽管不能成为法律修改的动因，但是如果说它需要起到把握应有的修改方向这种作用的话，那么究竟应该以什么样的形式来完成自己的使命，这是一大课题。

3. 比较立法学

民法学要对立法作出贡献，如何利用比较法也是一个问题。我想，应该将以前那种对制度沿革以及对学说史等研究的方法作出修正，即从有助于立法论的观点重新编制比较法研究的方法。如果可以认为比较法学应该因此而成立的话，也许对其历史的考察也是有益的。总之，比较立法学的确立是今后的重要课题。

三、教育的目的

（一）法科大学院时代的法学教育

1. 教育内容的标准化和司法中心主义

在日本，法科大学院的数量比预期计划超过了许多，现在正在进行淘汰。在这个过程中，出于淘汰水平低劣的法科大学院的考虑，正在推进教育内容的标准化。这样做，从维持法科大学院制度本身存续的观点看，确实是一种无奈之举。但是，从应有的教育这一观点，就不能说这是理想的做法。另外，现在以司法考试合格为目的的教育容易陷入司法中心主义，难免造成将来法学家的视野狭窄。

2. 政策体现型的教育

可以想象，人们心中最高水平的法科大学院，恐怕首先想到的是能够培养出可参与政策形成的法律家。当然，对这种人才的培养还另设有公共政策大学院。但是，应该想到的是，在构筑培养并非是专业官员而是参与公共政策的法律家这种教育结构的同时，恐怕也需要为此进行技能方面的开发和教育。从这个观点看，20 世纪 80 年代尝试《法政策学》的平井宜雄教授的研究也值得重新审视。

（二）“有闲法学”与“法育”

1. 法学家的开放——加深见识的知识

为了培养法学家的见识，有必要对法学家的头脑进行重新梳理。为了能够做到对“现在、这里”已有的实定法作出相对化的思考，基础法学教育非常有益这一点毋庸置疑，但同时也应该将其以外的多种教育方式同时投入。法科大学院向非法学部毕业生打开门户，其原因应该也在于这一点。法学者不应该闭门造车，应该以各种形式尝试法学家解放思想的问题。从这个意义上说，能够做到游刃有余的所谓“有闲法学”（“有闲法学”是穗积重远于20世纪前半叶写过的一篇文章的标题）的再生是最为理想的。

2. 法的开放——作为践实的法

同时为了让一般市民也具有“法的见识”，要向他们揭示的法，并不是作为知识而是作为对事物的看法和对社会的构成原理。如果不能培育具有“法的见识”的市民，不仅不可能实现国民对司法的参与，恐怕社会本身也很难存续下去。从这个意义上说，“法育”（这也是穗积重远使用过的用语），是先于“智育”和“德育”所必要的教育。

（三）对法学负有使命的法学者

1. 作为思想的标识（logs）与工具的标识（logs）

从宏观上看，民法揭示的是市民社会构成原理；民法的思想又是“个人和社会形态”本身。从微观上看，民法的各种制度和概念中包含着某种世界观。因为我们是基于某种世界观而构筑社会关系的。民法学者无论在哪一个层面，都负有向国民揭示这里潜在的逻辑的任务。

2. 法学者的培养和供给

如果说市民和法曹要做的事情是由自己来构筑社会的话，法学者的作用则是解读他们所要做的事，并揭示其应有的方向。另外，在市民与法曹中，又需要培养这样一种反省性的“对法的看法（legal mind）”。如果能够积极地表现出法学者的作用，在本来想在将来成为法曹的年轻人中间就会增加将志向转为法学者的数量。从这个意义上说，法科大学院中的法学教育的范围必须是广泛的。

四、对东亚的发现

（一）为留学生开设民法导读课

1. 应对留学生的必要性

日本自法科大学院启动后，有很多大学的传统硕士课程开始招募不到研究生。其原因在于，本来希望成为研究型学者的人也开始转向到法科大学院学习。其结果是，进入硕士课程的研究生基本都是外国留学生。而外国留学生中的大多数是来自中国和韩国的留学生。如果正面面对这种事实，硕士课程的教育就必须是一种为留学生考虑的教育。我本人从2009年开设了一门课程，就是用简单的日语为留学生做民法导读。

2. 从日本民法学走向东亚民法学

在考虑到留学生教育时，需要超越以往的所谓“同化主义”。这里所谓的“同化主义”是指，既然已经来到日本，就应该同日本的学生一样学习日本民法学这种观点。这种观点已经落后于时代。我认为，今天的民法课的内容，无论是在日本还是在韩国抑或中国都应该是东亚民法学。

（二）东亚市民社会的出现

1. 作为共同基础的民主化

在今天有必要构筑东亚民法学，并应将其付诸教育。之所以这样考虑，并不仅是因为在日本的留学生增加，而是因为在东亚已经逐渐出现共通的市民社会，其基础是“民主化”。当然，民主化在各个国家和地区其意义并非是完全一致的，但是可以说，自韩国1987年的民主化宣言以来，中国台湾地区1988年李登辉政权以来，还有中国1992年南巡讲话以来，东亚各国和地区发生的各种变化，都说明这些社会都在向着民主化方向推进。在日本也是一样，自 1993 年细川联合政权建立以来，民主化也进入一个新的阶段。

2. 民主化时代的民法学

民主化的大潮流与经济全球化同样给各国民法和民法学带来了影响。在东亚各国同时展开的民法修改有必要从这个文脉中进行理解。如果是这样，今后的民法学恐怕就应该从东亚市民社会的确立这种观点来进行重构。而且这种民法学不仅是日本，在韩国、中国以及中国的台湾地区都应该进行积极的尝试。如果是这样，留学生在日本学到的东亚民法学将会在自己的国家也可以得到通用，或者可以说期待留学生回到各自的国家来展开东亚民法学。

五、市民社会的确立

（一）契约与社会

1. 何为契约社会

那么刚才提到的、应该以东亚市民社会为基层思考问题的观点究竟具有什么意义呢？关于这一点可能有各种各样的解读，我本人想提出的解读是“契约社会”。

如今，有人给日本正在进行的债权法修改贴上了一个“合意主义”的标签。但是，我们需要认识到，“合意主义”

所设想引入的并不是将一切交由当事人单纯的合意，而是通过将合理的内容调整编织进去的“契约”的结构，进而构成“社会”。因此我们的理想不应该是一种固定的制度，而是创造出一种我们认为理想的、由弹性制度构成的契约。恐怕这才是符合东亚市民社会的考虑。

2. 新型的社会契约论

在现代契约法中，嵌入了自由与正义的调整原理。这样一来，它就呈现出了一种有别于以往作为社会基础的“社会契约论”的样态。它一方面是依据契约思想，但是同时在社会中又可以导入以超越单纯保障各个人自由为目的的一些观点。

（二）连带的再生与国民国家

1. 政治为何而存在?

2008年经济危机以后，恐怕很多人都感到这种社会观开始逐渐回潮。日本政权更迭后的民主党政权第一任首相鸠山由纪夫曾经提倡“友爱主义”，对于他的施政能力姑且不论，这种提法作为试图转换理论的一种姿态，恐怕应该说他是适应了时代的变化。在大地震后日本社会象征性的口号“加油！日本！”之中也可以感到同样的意味。这就是一方面尊重个人的自由，同时又指明了社会连带的方向。

2. 需要什么样的政治?

我们必须认真考虑的是，连带的单位是不是“日本”。

大地震的影响在受灾地区（岩手、宫城、福岛）与其他地区，以及东日本与西日本之间都是不同的。这就意味着“日本”都不能做到一揽子把握。在另一方面，核能事故的影响，已经超越国境波及韩国、中国以及中国的台湾地区乃至全世界。如果是这样，恐怕就应该去寻求一种有别于以一国为单位的政治，或者说是可及于国民国家上下的多元性的政治。

（三）市民资格与民法典论争

1. 什么样的市民是理想的?

如果上述立论成立，恐怕“市民”也应该是可分为国内性地域、国家、国际性地域等各个层次的存在。这时的“市民”究竟是怎样一种存在，这一点恐怕只能归结到“作为市民性权利的私权”以及“作为市民法的民法”的命题中探讨。而具体在说到东亚的民法究竟应该是怎样的“个人 = 社会”的形象，这一点对于东亚民法学来说又是核心性的问题。

2. 围绕着“市民”像的论争

应该说，“市民”像又可以称之为“市民的资格”，并不是民法学者能决定的事情。这一点应该是今后对民法的形态进行讨论时，由市民本身考虑的事情。目前在各国正在进行的关于民法修改的讨论，给上述意义上的“民法论争”的展开提供了一个好机会。从另一个角度或许还可以说，挑起民法论争本身也是民法学的重要课题。

六、结语

我本人曾经提出渴望在民法上形成一种“东亚性的见解”。从上述内容可以看到，这种观点得以推进的条件正在逐渐成熟。现在我们在共通的环境下面对着共通的课题。我们不仅需要对各自付出的努力进行总结，同时可以期待发现业已存在的共通的传统，进而将它们重新组合成一种与现代相符合的东西。

进言之，我们的出发点虽然在东亚，但也许会探寻出超越东亚而普遍适用的东西。我们这样做，有利的因素是我们之间在方法上具有多样性。东亚各国长期以来在相互影响下得到了发展，而且得到了亚洲以外的世界的关注。这是因为我们可以求同存异，我们应该有能力在松散的结合下创造出新东西。

渠涛译

Ⅱ. 辅论 1：日本民法修改的现状

——以民法（债权法）修改研讨委员会草案为中心[①]

一、引言——第一、第二、第四准备会的担当部分

我的同事道垣内教授介绍了截止民法（债权法）修改委员会草案形成前的经过，以及该委员会的第三准备会、第五准备会所负责的草案起草状况[②]。接下来，由我来介绍其余三个准备会（第一、第二、第四）所负责的部分。

我的报告将三个准备会所负责的部分粗略地分为中心部分和周边部分。属于中心部分的，是有关适用于所有契约的部分（在委员会草案的目录中为第 3 编第 1 部第 1 章）和关于各种契约的部分（第 3 编第 2 部）。履行障碍法的再

① 本文为作者曾提交给中日民商法研究会第 8 届大会（2009 年于海南大学召开）的论文，后收录于渠涛主编《中日民商法研究》（第 9 卷）法律出版社 2010 年版。

② 关于道垣内弘人教授的报告内容参见：渠涛主编《中日民商法研究》（第 9 卷）第 3 页以下。

编和新类型契约的处置与债权转让、消灭时效等一道，也是修正案中最受关注之对象。而在形式意义上位于债权法之外的法律行为部分（第1编第5章），以及与其相关联的民法典形态的内容，定位于周边部分。

以下，将按照顺序说明。因为时间关系，只能取其中几个主要问题作简单的介绍。

二、中心部分

（一）契约总论

适用于所有契约的第3编第1部第1章分为4款（参照附录）。重要的是有关契约成立的部分（第2节）和有关契约效力的部分（第4节）。两者分别由第2准备会和第1准备会负责。在此，从中各取两个问题加以说明。

1. 契约的订立

有关契约的订立，首先值得注意的，是设置了有关当事人的谈判义务的规定。具体而言，一方面规定，在不当毁弃谈判的情形应当赔偿相对人信赖契约将会成立而遭受的损害【3.1.1.09】；另一方面又规定，就会影响相对人判断的事项不提供信息、不作说明时，应当赔偿相对人因契约订立而遭受的损害【3.1.1.10】。

可以说，这些是近年来判例、学说所形成的法理的明文化，依据的是诚实信用原则。诚实信用原则也作为整个修改草案（以下也称作“新债权法”）的基本原则被明文规定【3.1.1.3】。

其次值得注意的是，设置了有关格式条款契约的规定。首先，规定了格式条款的定义【3.1.1.25】，在此基础上规定了纳入契约的要件【3.1.1.26】。原则上只要不“披露”，格式条款就不被纳入契约，但在披露显著困难的情形，如果作出使用了格式条款的表示并将格式条款置于可以知悉的状态，便可以替代披露。此外，关于所谓的突袭条款，因为难以设置贴切的规定，此次没有引入相应的规定【3.1.1.A】。

2. 不当条款的规制

以往设置在消费者契约法中的限制不当条款的规范群，经过极大幅度的修改，插进了新债权法。基本的想法有如下四点。

第一，除了消费者契约中的不当条款外，将格式条款中的不当条款也作为规制的对象。第二，对于不当条款的规制，并用一般条款【3.1.1.32】和不当条款名单。第三，在设置格式条款和消费者契约共通的不当条款名单【3.1.1.B】的同时，设置消费者契约固有的不当条款名单【3.1.1.C】。第四，就各种名单，并用所谓的黑名单（设置视为不当条款的规定）和灰名单（设置推定为不当条款的规定）。

至于将涉及消费者契约的规定插入新债权法的话题，稍后再提。这里想确认的是，就格式条款而言，在采用要件之外还设置用以规制内容的规定。此外再补充一句，就格式条款的解释而言，新增了不利于提供者解释的规定和适用于所有契约之解释的规定【3.1.1.43】。

格式条款的规制与消费者契约的调整一样，都是近30年来契约法的主要课题之一。关于这一点，修正案将几乎没有异议的观点予以了明文化。不过，具体的名单该如何组合，尚需研究。

3. 履行请求与损害赔偿

履行障碍法在“重视契约”和“实现契约”这样的观念下得以重整。新债权法不采曾经占支配地位的履行迟延、履行不能的二分论。作为其前提，首先提出了这样一种见解：即便在订立契约之时履行不可能，仅凭此契约并不归于无效【3.1.1.08】。

在此基础上，就履行而言，规定“在依照契约的本旨不能合理期待债务人的情形”不能请求履行【3.1.1.56】。就损害赔偿而言，规定因“契约中债务人并未引受的事由”导致的不履行不负担损害赔偿责任【3.1.1.63】。

上述观点不仅位于最近学说的延长线上，而且也与国际性的交易规则的倾向保持一致。此外，这种观点立足于经契约预定的事项负担责任这样的见解，并非让债务人负担无过失责任。

另外，关于损害赔偿，设置了若干将以往判例的立场明文化的规则，内容不作深入介绍。关于履行迟延的规定也省略。

4. 解除与风险负担

针对损害赔偿的观点也适用于解除。基本上是将“契约的重大不履行”作为统一的解除原因【3.1.1.77】<1>，关于催告解除，包括是否理睬催告在内，判断是否构成“重大的不履行”【3.1.1.77】<2>。

上述规则虽说在理论上明快，但实际上某项不履行是否构成“重大的不履行”，没有法院的判断是无法确定的。因此，给人的印象是，以往仅凭催告就可以解除，而现在解除权是不是受到了限制？一般来说，不理睬催告都被解释为“重大的不履行”，所以现在的应对并不会带来大的变化。可是，为了排除所有可能的担心，设置了如下的规定：对于特别重视交易的迅速性、基准的明确性的经营者契约，不理睬催告将被推定为“重大的不履行”【3.1.1.77】<3>。

如上的解除制度，带来一个问题：与风险负担制度的关系如何？这是因为，以往的分工是：如果债务人存在归责事由则解除，没有则适用风险负担的规则。委员会提案没有使用归责事由的概念，导致两者的边界不明。

关于这一点，废止风险负担制度而一元化于解除的观点和保留风险负担制度让其与解除并立的观点都是可能的，委员会最终采纳了废止风险负担制度的立场【3.1.1.85】。

不过，针对债权人违反义务的情形，采取了一定的补救措施【3.1.1.86】。

此外，就情事变更也设置了规定。在规定了当事人再谈判义务的基础上规定：如果达不成合意，可以向法院请求解除、改订契约【3.1.1.92】。乍一看是比较大胆的规定，但情事变更制度终究被定位于例外，要件相当凝缩【3.1.1.91】，所以不至于置契约于严重不安的境地。

（二）各种契约

在契约各则部分，除了在以往的13种典型契约的基础上增加融资租赁和劳务提供两种类型，共设置了15种典型契约的规定外，作为补充规则，还设置了“为第三人利益的契约”和“持续性契约”（参照附录）。15种典型契约全部配置在同一层次，没有设置上位的类型。可是，以下为了叙述方便，将15种典型契约分为交换型（买卖、交换、赠与）、借贷型（租赁、使用借贷、消费借贷、融资租赁）、劳务型（劳务提供、承揽、委托、寄存、雇佣）以及其他（合伙、终身定期金、和解）四类，最后再加上为第三人利益的契约和持续性契约，分别介绍、探讨。其中，交换型是由第2准备会负责的，其余的都是由第4准备会负责的。

1. 交换型

关于交换型，谈三点。

第一，关于买卖的定位。一言以蔽之，新债权法中买卖法增加了其存在感。其中包含两个方面：一方面，买卖位于赠与之前，处于各种契约之首。这象征性地宣示买卖在社会上和理论上的重要性。另一方面，在买卖这一章配置了相当于原来 1.5 倍量的 44 个提案，而且各条提案都相当详细。与紧接下来的叙述也相关联，这里，设置适用于所有契约的规则时，采取的态度是以更具体化的形态设置规则。仅仅看这一部分就可以理解适用于买卖之规则的全貌。

第二，关于担保责任的规定，一方面依据债务不履行的一般原则（立足于契约责任说），另一方面在救济层面作细致的应对，配置了特别规则。另外，关于担保责任，与承揽之情形的关系也成为问题。委员会作了一定的调整，这里不涉及。

第三，关于赠与，谈两点。第一点，从前述的规定配置看，似乎新债权法将重点置于有偿契约。实际上，对无偿契约的探讨也倾注了很大的精力。不少以往暧昧之处都予以了明确。此外，还通过因背信行为的赠与解除【3.2.3.05】、使用借贷消费借贷的诺成契约化【3.2.5.02】【3.2.6.01】等，导入了新的法理。第二点，关于赠与与其他无偿契约的关系，也作了相当细致的探讨。围绕可否准用赠与的规定这一问题，各种类型的契约的个性得以明确。

2. 借贷型

关于借贷型，指出两点。

第一，新设置了有关融资租赁的规定。据说如今融资租赁在会计上、租税上的优势已经丧失，但鉴于其已在社会生活上同时也在理论上成为重要的契约类型，判例也展开了独自的理论，新债权法设置专章，将其作为独自的典型契约予以定义【3.2.7.01】，并配置了一系列的规定。

第二，对于以往就有的契约类型，增补了规定。首先，以往判例就租赁、标的物的移转与租赁的关系、基于租赁权的返还排除、因情事变更的租金减额请求权、租赁的解除与转租的关系等所确立的规则，被明文化；此外，作为风险负担规则的替代物，就标的物灭失等导致的租赁终了【3.2.4.25】也设置了规定。其次，关于消费借贷，就第三人型与信契约（所谓信用契约）提案设置抗辩之连续的规定【3.2.6.10】。

3. 劳务型

关于劳务型，指出三点。

第一，新设了有关劳务提供契约的规定。在经济服务化的进程中，劳务型契约的重要性在提高。这一点不存争议。可是，如何应对这种现象，却存在多种可能。委员会案概括性地定义劳务型契约【4.2.8.01】，为了配置适用于所有的劳务契约的规定，在劳务型契约类型的开头新设了一章。此章中所设置的规定不仅适用于不属于承揽、委托、寄存、雇佣等任何一种的劳务提供契约，也适用于承揽、委托、寄存、雇佣【3.2.8.03】。在此意义上可以说，劳务提供契约这种契约类型具有复合的性质，即既是独立的契约类型同时又是总则性的类型。

第二，对于委托、雇佣，选择了一定的立场。首先，就委托而言，通过对准委托的再定义【3.2.10.02】，限定了其适用范围。其结果，以往作为准委托来处理的契约将脱漏，但却可以适用新设的劳务提供契约的规定。其次，就雇佣而言，以将来统合进劳动契约法为前提【3.2.12.A】，暂时仅对规定作了整理。可能会存在不同意见，但这是考虑到通过劳动谈判形成的劳动法如今已经成为了独立法律领域的结果。

第三，就特殊的委托、特殊的寄存设置了规定。具体而言，在就媒介契约、代购（销）契约设置一定规定的同时，还就流动性存款账户、住宿责务提供的寄存责任设置了规定。

4. 其他

关于其他契约，指出三点。

第一，关于合伙契约，在整理、增补规定的同时，谋求规范的结构化。具体而言，合伙一章分为“合伙契约的意义与成立”、“合伙及合伙成员的财产关系”、“合伙的业务执行及合伙代理”、“合伙成员的变动”、“合伙的解散及清算”以及“内部合伙”等 6 节，新设了有关合伙代理和合伙成员加入的规定等。

第二，保留了多被指责为无用的终身定期金，这是考虑到日后可能被活用的结果。具体而言，纯化为有偿契约的同时设置了对效力的限制，以使该制度更加合理。

第三，设置了有关持续性契约的规定，将其定位于与典型契约不同的层次。有关持续性契约的规定，作为已贯穿于各种典型契约的形式适用规范，与有关为第三人利益之契约的规定（也为增补）一道，被放置在“补充规则”里。不过，这里所设置的，仅限于有关持续性契约“解消”的规定。此外，就多数当事人间的持续性契约（比赛权、高尔夫俱乐部等），规定禁止歧视对待，耐人寻味【3.2.16.17】。

三、周边课题

（一）法律行为

在委员会案中，在狭义的债权法（现行民法的债权编）之外，作为本应属于广义债权法中的、总则编的法律行为部分与消灭时效部分也被追加为探讨的对象。这里，重点介绍第二准备会负责的法律行为部分，特别是有关消费者契约法所规定的涉及不当劝诱之规定的处理。此外，顺带也介绍一下其他各种规定的整理和增补：整理心中保留、错误的规定、在公序良俗违反之外追加暴利行为的规定、在代理之外追加授权的规定等。

1. 一般法化

现行消费者契约法第 4 条将不实告知（第 1 款第 1 项）、断定性判断的提供（第 1 款第 2 项）、不利益事实的不告知（第 2 款）、基于不离去、离去不能之困惑（第 3 项）作为消费者契约的撤销原因。在新债权法中，新设了有关不实表示的规定【1.5.15】，将其广泛适用于所有的法律行为。将去除了适用对象限制的消费者契约法、商行为法规定纳入新债权法的做法，在委员会被称为“一般法化”。不实表示规定的新设，就是代表性的事例。此外，不利益事实的不告知，将包含在不实表示的概念中。

另外，在消费者契约法规定之外，设置了有关意思能力的规定【1.5.09】，按照法律行为的不同种类分别判断意思能力的有无，这一点不论是在理论上还是在实践中，都具有重大的意义。

2. 统合

关于消费者契约法第 4 条中剩余的部分，提案在扩张要件的同时，仍然按照现状——适用对象仍限于消费者契约，将其纳入新债权法。这便是断定性判断的提供和困惑【1.5.18】【1.5.19】。将消费者契约法、商行为法的规定以适用对象仍限定于消费者契约、经营者契约的形式纳入新债权法的做法，在委员会被称为“统合”。这些规定便是其代表性的事例。要作这样的统合，就需要明确被统合之规定的适用范围。为此，设置了消费者、经营者的定义规定

【1.5.07】。

此外，顺带要说明的是，在消费者契约法规定之外，电子消费者契约中有关错误的特别规定【1.5.14】也成了被统合的对象。

（二）民法典的形态

最后，按照第一准备会为干事会草案准备的原案介绍一下民法典的对象范围和编纂体系等涉及整体的问题。

1. 对象范围

有关民法典的调整对象，新债权法的观点是："包含有关消费者交易、经营者交易之私法上之特别规定中的基本规范"。具体而言，有关消费者交易的规定，将消费者契约法中"消费者契约"之章中的规定纳入民法典；关于经营者交易，将商法典中"商行为"编中与营业的关联度较低的规定纳入民法典。方法是并用一般法化和统合，这一点如前文所述。

其结果，民法典中除了"人"以外，登场的还有"消费者"和"经营者"。"人"的一般性得以维持，而"消费者"和"经营者"作为定性法律行为的概念来使用。此外，通过追加特别规定，使得民法典包含了"私法之一般法"以外的内容，由此具备了作为"市民社会基本法"的实质。

2. 编纂体系

关于民法典的编纂方式，新债权法的观点是："将阶层式逻辑构造与机能性的一体性双方都纳入视野”。具体而言，一方面维持以往的总则、物权、债权、亲属、继承的编纂体例，另一方面将此次作业的对象——“有关契约的规范群”尽可能地作为一个整体放置在债权编中。依照这种观点，契约的解释、格式条款和消费者契约中不当条款规制的规定被放置在债权编，债权时效的规定从总则移转至债权编。法律行为的规定仍然放置在总则编，但提议就其中一部分在债权编设置参照规定或者将规定本身移转至债权编。

另外，就债权编内部的编纂而言，将“有关契约的规范群”分为“适用于所有契约及债权”的规范（第 1 部分）和“适用于各种契约”的规范（第 2 部分）；对于前者在设置有关作为债权发生原因之契约的一般规定（第 1 章）的基础上，设置了有关已发生之债权的效力、变动、消灭的规定（第 2 章以下）。此外，法定债权的规定被放置在债权编的末尾（第 3 部），关于这部分内容，随着编纂体例的变更需采用准用等措施。

此外，新债权法中设置了接近现行法两倍量的规定，条文数量的分配该如何，将是今后需要探讨的技术问题。

解亘译

Ⅱ. 辅论2: 日本民法修改中的消费者法问题[①]

一、引言

民法典中出现的“人”所指的是抽象的主体。它也会被称为“法人格”，但在古典民法世界中的“人格”，不过是一种权利义务的归属点，其中并不包含日常用词中的“人格”这一词语中所含的个人的性格和属性。

然而时至今日，古典型的“人”的概念已不能原封不动地维持下去了。因为经过了20世纪，“人”完成了从抽象存在到具体存在的转变。一方面体现在人格权的出现。这意味着，“人格”已不再只是权利义务的归属点，而是成为了兼具身体和精神上的权利的保护对象[②]。另一方面，

① 本文为作者曾提交给中日民商法研究会第12届大会（2013年于湖南大学召开）的论文，后收录于渠涛主编《中日民商法研究》（第13卷）法律出版社2014年版。

② 关于日本的人格权法，参照五十岚清《人格权法概说》（有斐阁，2003年）。另外，关于将人格权法的发展，结合不法行为判例的开展，进行宏观描述的，有大村敦志《不法行為判例に学ぶ（从判例学习不法行为）》（有斐阁，2011年）第2部。

“人”不再被简单地作为交易上的一般主体，而是被分化为出卖劳动力的“劳动者”以及购买消费品的“消费者”等。而且这些分化后的主题类别越来越受到广泛关注。

最初，劳动者和消费者是被当作保护的对象看待的。因此，所讨论的内容主要集中在对劳动时间的规制和工伤补偿，以及对安全性和标识方面的规制。但是随着时间的推移，将劳动者和消费者看作契约的当事人，在承认其自律的同时给予一定的援助这样一种观点逐渐占据了主流地位。在日本，经过 20 世纪 70~80 年代之后，这种倾向逐渐得到重视，继而在进入 21 世纪后相继出台了与此相关的各种重要立法。

值得注意的是，关于劳动契约和消费者契约的立法，所采取的都是单行法（特别法）的形式。具体有 2000 年的《消费者契约法》和2007年的《劳动契约法》[①]。二者在今天，已分别被定位为构成消费者法和劳动法之核心的重要法律。

与这些立法出台的同时，民法的债权法部分（确切而言是实质意义上的契约法部分）的修改也逐渐受到关注。尤其在 2006 年法务省明确了其正在对民法修改进行准备工作之后，民法学界开始积极地致力于立法提案。在 2008–

① 有关消费者契约法的解说书可参见：落合成一《消费者契约法》（有斐阁，2001 年）；有关劳动契约法的解说书可参见：有荒木尚志、菅野和夫、山川隆一著《详说劳动契约法》（弘文堂，2008 年），土田道夫著《劳动契约法》（有斐阁，2008 年）等。

2009年间数个立法提案公布于众之后，法务省于2009年秋开始在法制审议会内设置专门部会（法制审议会民法〈债权相关〉部会），开始了具体编纂立法草案的工作[①]。

在这一立法筹备工作中，如何看待劳动契约和消费者契约遂成为热议的问题。既然要修改作为一般法的民法中的契约法，它与特别法上的劳动契约法和消费者契约法之间的关系也就应该作出适当的调整，这种意见的出现从某种意义上说也属自然。但值得注意的是，在问题提出的角度上，劳动契约与消费者契约之间不尽相同。劳动契约主要属于民法典“雇佣”合同部分的相关规范，而消费者契约本身却横跨多种契约类型，与契约一般规定（尤其是法律行为论）又有着密切的联系。

因此，围绕民法修改与消费者法以及民法修改与劳动法这两个问题群的相关讨论，在其出现的原因、过程等方面各有不同，但在某种程度上又有着共同的倾向。首先，由于议论对象的特殊性质，各自的问题群分别受到了来自消费者法和劳动者法相关人群（学界及利益团体）的密切关注[②]。其

① 中间草案与其补充说明已于2013年春公布。

② 例如，日本消费者学会的2009年第2次大会，将“民法改正与消费者法”作为题目，日本劳动法学会的2013年秋季某次大会中，将“民法改正与劳动法”作为题目，开展了座谈会。前者的报告原文已登载在《现代消费者法4号》（2009）之中，后者的报告虽然尚未完成，但与之主旨相类似的文章如“民法（债权法）改正与劳动法”已在法律时报82卷11号有特别报道之外，土田道夫编著《债权法改正与劳动者法》（商事法务出版社，2012年）等也已出版。另外，日本律师联合会以及其他联合组织也开始开展各类座谈会。

次，虽然民法修改尚未完成，但从目前的趋势看，本次民法修改中纳入直接涉及消费者法或劳动法的规定的可能性不是很大①。

本文将聚焦前者，即民法修改与消费者法这一问题群，在概括介绍已有讨论的基本内容的基础上，对这方面的相关讨论的意义进行评论。

二、本论

在民法修改与消费者法这一问题群中有多种问题，这些问题大致可分为总论性的问题与分论性的问题。总论性问题是指关于消费者契约相关规定的配置问题；分论性问题则是指在具体制度修改时，如何对待消费者的问题。

（一）总论性问题——消费者契约规定的定位

在学界的各种立法提案中，“民法（债权法）改正检讨委员会”草案中提出通过采用两种方式将消费者契约法上的民事实体规定（具体说是第 4–10 条）纳入修改后的民法

① 内田贵的《民法改正のいま－中間試案ガイド（民法修改的现状——中间草案解说）》（商事法务出版社，2013 年）一书中，回避了将消费者法、劳动者法二者的关联作为独立论点进行论证。

典。其中一种方式称之为“一般条款”，另一种称之为“统合条款”。所谓“一般条款”是指，其规定不再仅限于消费者契约，而是普遍适用于一般普通的契约；“统合”是指，将消费者契约相关的“特则”（即指特别规则——译者）纳入民法典。

围绕这一提案曾展开了各种各样的讨论。一方面，消费者法学界及相关团体提出了一些批判，认为该种方法有损消费者法的一体性，妨碍消费者契约法即时修改，等等。另一方面，以事业者（经营者——译者）团体为中心又提出了一些反对意见，认为民法是适用于平等当事人之间交易的一般法，因此不宜将消费者相关特则纳入民法典。这种可谓是吴越同舟、针锋相对的批判致使将消费者契约法一揽子纳入民法典的设想，实质上从早期就被束之高阁了。

由此，仅存的道路便是只能在个别问题上探讨是否要将消费者契约法的规定进行一般条款化处理后纳入民法典，以及是否将消费者相关的“特则”作为新规则纳入等问题。

（二）分论性的问题

在针对个别问题进行的探讨中，与消费者有密切关联的，当属法律行为与格式合同规制两项内容。以下将先探讨这两项内容，然后再对其他问题进行概括性论述。

1. 法律行为

有关法律行为的规定中，与消费者密切相关的是违反公序良俗和错误以及与意思表示能力相关的规定。

首先，在“中间试案”中曾提议：对违反公序良俗和错误，新增如下规定。但需要注意，对于其中任何一条均有相应的反对意见提出。

第 1（法律行为总则）之 2

（2）利用相对人陷入拮据、经验不足、知识不足及其他相对人存在无法合理判断是否为该法律行为的情况，获得明显过多的利益，或对相对人施加明显过多不利益的法律行为的，无效。

第 3（意思表示）之 2

（2）如果可以认定，对于标的物的性质、状态及其他构成意思表示前提的事项中存在错误，且符合下列情形之一的，如果没有该错误则表意者将不会做此意思表示，且以通常人的标准来看也可推定不会作出此意思表示时，表意者可撤销该意思表示。

A（略）

B 表意者的错误，因相对人所作出的表示与事实存在差异而产生时。

前者与暴利行为相关，是将以往判例法理明文化的规定。暴利行为虽然并非仅在消费者契约中才被承认的，但消费者契约可谓是它的主要适用领域之一。后者是与所谓不实表示相关的规定，同时也是将消费者契约法第4条1项1号中的不实告知规范作为一般规定处理的结果。

其次，中间试案中关于意思表示能力还新设有如下规定：

第2（意思表示能力）

法律行为的当事人，在实施法律行为时，如果不具备能够理解进行该法律行为的意义的能力时，该法律行为，无效。

上述内容，虽然看起来只是对以往不曾有明文规定的意思能力新设了几项规定而已。但实际上，这条规定是立足于这样一种观点，即意思能力的有无需要放到每一个法律行为之中判断，因此可以说，它与以往的观点之间存在很大的不同。如果这条规定能够得以灵活运用，可以预想消费者契约被认定为无效的情况会大幅度增加，不过，其真正影响之大未必得到了充分的理解。

以上诸多规定中，均未使用“消费者”以及“消费者契约”等概念。但是，所有规定中都可以看出充分考虑到了契约当事人的属性及其地位。因此，在这里，契约当事人已不再是抽象的“人”。

2. 格式合同的规制

关于格式合同，在中间试案第 30 的部分，曾有建议主张设置关于定义、格式条款的组成要件、突袭条款、格式合同的变更、不当条款的规制等规定。关于其详细内容不再赘述，但是否纳入格式合同相关规定，仍是尚待解决的核心争议之一。

值得注意的是，事业者团体对于纳入格式合同的相关规定，表现出了强烈的抵触。为此，关于不当条款规制，所谓的列举式规制的设想已被放弃，得以保留的仅剩下一般条款。反过来想，《消费者契约法》第 8-10 条已经存在这种规定，所以，关于格式合同的不当条项规制本身（是否在修改后的契约法中规定——译者）并不具有太大的意义。而这里更重要的问题则是格式条款的组成要件。这就是说，如果该项规定得到了采纳，那么，在消费者契约中的格式条款中的规定，在考量其内容的不当性之前，可以先以其不能满足组成要件为由予以排除[①]。

以上内容中，尽管同样未使用“消费者”或“消费者契约”的概念，但是契约当事人的属性及地位已被约定俗成地考虑了进去。如果是这样，其影响可以说大幅度超出了有关法律行为的诸多规定。

---

① 对于应当规定何种程度的组成要件，尚存在不同意见。

3. 其他规定——时效、保证、基本原则

作为与消费者有关的新的“特则”，在中间试案中还能得到保留的极少。

就个别规定而言，已经很少再有明确提议设置消费者相关“特则”的提案。可以见到的不过是以如下方式标注出来的关于消灭时效的时效期间与起算点的相关规定而已。

第7（消灭时效）之2

【甲案】在维持“权利得以行使之时”（民法第166条第1项）这一起算点的前提之下，将10年（同法第167条第1项）的时效期间更改为5年。

【乙案】（略）

（注）另有意见认为：与【甲案】同样主张维持将“权利得以行使之时”（民法第166条第1项）作为起算点，但同时主张维持10年（同法第167条第1项）的时效期间，继而在此基础上新设如下规定，即依事业者之间契约成立的债权适用5年时效，依消费者契约成立的、事业者对消费者的债权适用3年的时效期间。

除此之外，试案中也准备了几项适用于“个人”的规定。其中之一是中间试案的第7之5规定了因生命、身体的侵害而发生的损害赔偿请求权的消灭时效的“特则”。虽然未实际用到“个人”这样的字眼，但从所规定的内容的

性质上来讲，这是只有在针对个人时才发生效力的规定。还有一种是第 17 之 6，是在个人保证制度上加强对保证人保护的内容。严格来讲，这些只是保护“个人”的规定，而不是保护“消费者”的规定。但是，如果从人的具体属性出发来评价，其二者有着相同的价值取向。

最后，作为契约的基本原则之一，有必要述及第 26 之 4 规定的在适用“诚信原则”时需要考虑的因素。

第 26（与契约相关的基本原则等）之 4

对于在消费者与事业者之间缔结的契约（消费者契约）以外的、在信息的质与量以及交涉能力上存在差异的当事人之间缔结的契约，在对其适用民法第 1 条第 2 项及第 3 项及其他规定时，应当考虑到其差异的存在。

（注）也有观点认为不设如上栅条规定。同时也有观点认为不应设“消费者与事业者之间缔结的契约（消费者契约）以外的”这种列举性规定。

此项规定，可以说基于民法解释原则的一种，所要求的是将契约当事人的信息、交涉能力等差异加以考虑。同时也可以说，它是得到当今判例默认为准据的思考方式。进言之，如果这种规则能够得以明文化，那么，它所揭示的则是这次修改中在基本原则层面上实现了飞跃；它将成为可与 1947 年民法修改时将“个人的尊严与两性的本质上的平等”（现行民法第2条）载入民法典相媲美的重大修改。

三、结语

最后要重申一点，本次民法修改尚处在进行中，最终什么样的规定被设置于民法典之中，尚无定论。但是，从至今为止的进展情况看，很难想象在修改后的新民法典中会保留与“消费者”及“消费者契约”相关的规定。即使最后述及的关于契约主体差异的规定能够得到保留，想必在民法典中列举“消费者契约”的做法也会遭遇事业者团体的反对。

从结果上说，是否可以认为民法修改与消费者法这一问题群已经消失殆尽了呢？恐怕现在还难下定论。对于上述一系列讨论的意义所在，笔者将指出以下两点以为总结①。

一是关系到民法典领域的划定问题。恐怕日本在这次民法修改中会极力排除与事业者和消费者相关的“特则”。不包含这些特则的民法在现代社会中究竟能够起到多大的

① 另外，将消费者法视作特别法而非民法规范的设想中，包含了轻视“市民社会”的问题，关于这一点，参见：大村敦志《民法改正を考える（民法修改的思考）》（岩波书店，2011年）一书。

作用，令人感到疑惑。但是，一味地追求民商统一而让消费者法在特别法层面上原地踏步这种片面性的领域划分（几乎）已经得以回避，在这一点上，其意义还是不小的。

二是关系到民法上人的形象的问题。可以预想，民法典将会固守“人”的概念。但这里的“人”，已不再是抽象意义上的“人”。如果从逆向思维来说，我们又可以看到为了摒弃“消费者”而又会使得“人”的具体化得到更为明确认知的一面。换言之，日本民法典通过抹杀消费者的实像，而将其内敛起了它的虚像，至少可以说，其中蕴含有这种契机。

当然，这些只不过是仅限于日本这一个国家的经验而已。在民法修改与消费者法这一问题群中，还存在其他的解决方式。中国在这一问题上做何选择，我们将抱着极大的兴趣，关注其未来趋势和结果。

渠遥译

Ⅱ．辅论 3："未建成（Unbuilt）"的民法学
——在债权法修改"连战连败"之后①

一、引言

自2009年11月，在作为法务大臣咨询机关的法制审议会中设置民法（债权关联）部会以来，已经过去了4年半以上的时间。最近1年来，以去年2月份公布于众的"中间试案"为基础，一直在为制作"要纲草案"进行着相关工作（第3次审议）。目前，汇总草案所需的实质性审议工作已经结束，在本稿执笔之时（2014年7月末）已经到了等待事务局拿出草案第一稿的阶段。这个草案会在8月份通过审定，之后便是事务局内部为明年初提出要纲方案以及正式要纲进行事务性工作。这就是说，实质上已经进入了制定法案的最终阶段。

本次民法修改（债权法修改），是从多个学者团体提出

① 本文为作者在2014年9月于西南政法大学召开的中日民商法研究会第13届大会上所作的报告。

立法提案开始的。在法制审议会的审议也是以这些提案作为出发点的，因此在审议的初期阶段就可以见到实务界以各种主张牵制学说方（审议会委员中强调学说的一方——译者）主张的情形。从结果上看，最初的提案（学者提案——译者）经过审议后，有的被抽空了内容，而有的则被彻底删掉了。尽管如此，由于学说方依然掌握着议程设置上的主导权，最初提案涉及的项目还是得到了讨论，而且其中的很多项目到“中间试案”的阶段为止还是以各种修改案的形式保留了下来。

然而，在进入第 3 阶段审议会，尤其在进入对审议进行全面归纳（针对要纲草案的探讨）阶段之后，重要的新提案（与现行民法截然不同的新型制度的提案——译者）就接二连三地消失了。可以说，学说方此间是吃尽了“连战连败”的苦头，包括我在内的各位学者委员的发言，听起来越发像是在用一种悼词痛惜被葬送的新提案。

以下，首先，我就事态为何会发展到这个地步以及学说方的败因，做一些评析（Ⅰ）。其次，就“修改法”成立后如何接受这种未得以实现（未建成〈Unbuilt〉）的规范，陈述我个人的观点（Ⅱ）。最后，我谈一谈很有可能妨碍“战后”复兴的另一个意义的“战败”。

二、因何而败——没有市民社会的民法（市民法）修改

（一）债权法特有的情况——欠缺推动力

如前述及，对于这次民法修改，实务界没有热情。理由可以归结于本次的修改与以往的修改之间所存在的差异上。以往的修改有两种类型。一种是，为适应某一行业的利益需求而进行的立法，例如：1998年的《债权让渡特例法》，1999年的《借地借家法》，2002年的《建筑物区分所有权法》，2003年《担保与执行法制》，2006年《信托法》等都属于这一类。另一种是，为应对某种社会问题的需求而进行的立法，例如：1998年《NPO法》，1999年的《成年人监护法》，2003年《性同一性障碍者特例法》，2004年《保证法》，2006年《一般法人法》，2012年所为《亲权法》等。

但是就债权法而言，上述哪一方面的需求都不存在。诚然，契约的内容当然会在很大程度上影响到交易的结果，但起决定因素的基本上还是要取决于当事人的自由，所以，企业界并没有无论如何也要修改现行契约法的内在需求。而从另一方面看，契约相关的社会问题又是确确实实存在的。然而，经济界首先是不愿意承认这种问题的存在，其次是即使承认其存在，也希望将其作为个别问题由特别法予以解决。正是基于这样的原因，新型契约（特别是提供

劳务的契约）的相关规定完全没有被采纳；此外，不真实的意思表示、暴利行为、信息提供义务、格式条款的规制、持续性契约、复合契约、消费者概念等要么遭到否定，要么只能以很有限的形式得以保留。

与此相对，对于债务不履行的现代化、时效的短期化、代位权和对撤销权制度的纠正，债权让与对抗要件的改良，契约解释准则的导入，法典编制的变更等，实务界（尤其是律师协会）则受强大的惯性驱使，希望能够保留自己所习惯的，用起来方便的规定。

从结果上看，在缔结契约（的制度上——译者）上，几乎见不到要为谋求契约法支持的人们，或者要为今天学习而明天运用契约法的新一代法律人而立法进行考量的痕迹。如果是在以往，当然可以想到的是承担这一考量的主角自然应该是法务省，但时至今日，（法务省作为——译者）中央官厅事先提出未来构想的这一做法已经变得很困难了。而正因为如此，人们会问：这不正是该到了学者发言的时候了吗？关于这一点，改在下个小题讨论。

（二）一般情形——立法过程中的团体协作主义

在内田贵教授移职法务省前后，民法学者主动组织起来起草非正式的债权法修改草案的理由之一，就是为了掌握立法的主动权。这些草案中的构想直到中间试案阶段为止还是可以看到一定成效的。但是，如前文所述，经济界对于多数提案一直保持着消极的态度。律师协会的态度虽然从中间阶段开始以提出截然不同的草案的方式转向积极应对，而他们最初的态度在法制审议会的部会中营造出了（对学者草案——译者）怀疑性气氛，其结果可以说是，付与了经济界“可以反对他们”的自信。

从对于到要纲草案阶段为止被葬送的各种提案提出过的意见分布来看，有很多提案是得到多数委员支持的。但是，就只是因为有少数委员的反对而被认为“无法达成一致意见”而没有得到采用。事务局为了早日成案，一再让步与妥协，尽管这样仍有刚愎自用（一定要按自己的想法成案——译者）的委员。事态发展成这样，一言以蔽之，原因就在于法制审议会沦为了利益调整的舞台。从各类利益团体中被选拔出来的委员们，因为只接到了其团体的具体指示，而未被授予在会议场上进行讨论和妥协的权限。因此，一切交涉不得已只能在会议场外进行。

事态发展到这种步的间接原因在于，上世纪90年代后期开始的广义上的法制审议会的改革。仅以法制审议会的民法关联部会为例，有3点比较重要。

一是，1997年设置成年监护小委员会时，曾经从与福祉相关的利害关系人中选任了委员，而以此为始，此后将相关人员选任为委员却成了一种常态。由此，本来由专家（民法学者与少数裁判官、律师）组成的立法体制遂告崩溃。

二是，曾经对包括讨论内容的决定等拥有很大权限、并作为常设会议体制设置的民法部会被废止，代之以根据需要限定讨论内容设置部会。这样一来，部会的自律程度自然会每况愈下。

三是，在法案准备的阶段越来越多地受到政治力量的干扰。1999 年的《借地借家法》修改及 2002 年的《建筑物区分所有权法》修改就是典型的例子，2003 年与生殖相关的亲子法修改的夭折应该也是基于同样的原因。

一言以蔽之，此次民法修改，本来应该是力求摆脱个别的利害关系而为全社会面向未来——为建立市民社会的民法（市民法）所进行修改——的立法，但遗憾的是，貌似现代化的日本并不存在能够支撑这样一种立法的市民社会（或者说是缺乏听取市民社会的声音的机制）。

三、今后当如何——在民法（市民法）之下实现市民社会

（一）法制审议会体制的改良

作为今后的应对之策，首先需要考虑的问题是，面对接下来有可能还要继续展开的民法修改，法制审议会以现在的状况应对是否可以？

仅从今天的民法（债权法关联）部会的构成看，占据多数的学者委员，虽然遵从的是抽象意义上的“学界”的

思维，但并非在代言特定“学会”的意见，而只是作为个人意见进行阐述。与此相对，由利益团体选任的委员中基本可分为两种类型。一种是，在会议席上不接受任何交涉（不参加讨论）的委员；另一种是在一定程度上接受交涉的委员。即使者型委员与代理人型委员，而这种使者型委员的存在极大地减损了会议的存在意义和功能。

要改善这种状况，可以想到的有两条途径。一条是不让使者型的委员进入到部会（亦即不接受团体的推荐），对于无意参与讨论而只提意见的团体，以扩大听证机会等予以应对。另一条是彻底明确部会就是利益调整的舞台，由全部利益团体的代表构成（学者委员也要由学会推荐，或由公权力机关主导的学术会议推荐）。

这两条路径，无论选择哪一条都至关重要。如果不能将市民社会的原型带进民法修改的审议场中，民法也就不会再是市民社会的法了。这种民法也只能与法语的“droit civil”和德语的“Bürgerliches Recht”貌合神离，若如此，恐怕是否还要称之为“民法（市民法）”都需要重新考虑。

（二）解释论、立法论中的进化主义

其次要考虑的问题是，我们如何操作即将呈现在我们面前的不尽如人意的修改法。

关于这一点，立足于一个基本认识考虑十分重要。这就是，现代的民法修改，要么是弥补性、临时性的，要么

就是妥协性、温和性的。之所以这样是因为，即便改变了法制审议会委员的选任体制，从立法的全过程看，不可避免地要接受各种团体，各种人等的介入。如果这样做能够带来好的结果当然是民主主义的成果，反之，它将是民主主义的代价。

今天的日本，被称为继 19 世纪后半叶的开国时期和 20 世纪中叶的美军占领时期之后的第三个立法变革期，法学界已经为此在相当的程度将关注点从解释论转向了立法论。然而，我们必须清楚地认识到，如果不是有手握强权的立法者（如查士丁尼法典及拿破仑法典那样）存在，或者处在难以抗拒的外部压力之下（像近代日本那样），要创造出综合性的法典是困难的；同时，我们又必须以不尽如人意的立法才是常态这样的认识去予以应对。

具体而言，我认为，无论在解释论上还是立法论上，都有必要采用某种“进化主义、历史主义的方法（méthode évolutive et historique）”。

这就是说，在解释上，不仅要着眼于现有的法律规范（规范的现在形态），还要揭示将来可能会出现的法律规范（规范的可能形态）。为此，有必要对立法过程中未得实现的每个提案各自的无法实现的理由进行细化，并对仅有一部分得以实现的提案中所包含的可能作出解释的内容遴选出来。日本的民法学，需要尝试研究支撑这些解释的理论问题，并且还要明确这种方法论的基础所在。

与此同时还可以考虑的问题是，在立法上，采用明示或默示性地设置多个选项，或者尝试使用设置萌芽性、端绪性规定的方法，在一段时间内关注立法之后法律发展方向，在有必要时再行立法这样一种摸索前进的方法。这样的方法虽然已经在一定范围内得到了运用（例如，《儿童虐待防止法》就已经规定了以数年为单位重新审改），但更需要的是进一步积极地、有意识地去灵活运用。

四、结语——面向“塑造人的民法学”

直至今年才得以揭晓的“战败”还有一个，这就是法科大学院的失败。从现象上可以看到的是，目前已经有 20 多所法科大学院停止招生；司法考试预试的应考生超过了法科大学院的应考生。然而，比这些可见现象更为严重的是（面对这一问题时的——译者）精神上的沮丧。

我们到底能不能从大局出发为社会培养出具有“灵活解释，实验性立法”能力的法律人。目前，为了司法考试而死记硬背判例的学习态度已经不再止于司法考试补习班，而是蔓延到了大学，这种状况令人对未来担忧不已。

东京大学，在培养全球化人才的口号下，正在展开大学改革，法学部也在试行改革本科教育。本科教育改革非常重要。如果不向社会输出与市民社会相匹配的人才，恐怕民法（市民法）的根基将会被越来越严重地侵蚀。而反过来说，如果没有作为民法（市民法）担当者，即平日里对市民社会建设不懈耕耘的法律人存在，则市民社会将不可能得以存续。

对于妄谈无需对格式条款进行规制的人们，只有法律人能够告诉他们，民法（市民法）是不可能放任这种无视条款的拘束力而产生效力的。如果一边是我们在近 30 年来一直在教授新的格式条款理论，而另一边却是否定未开示的格式条款的拘束力的判例今后再也不可能出来的话，那就只能证明，我们的本科和法科大学院的法学教育都是失败的。

最后说一个正论以外的事。本报告的标题是取材于两位著名建筑家的著作。它们分别是矶崎新的《未建成（Unbuilt）的乌托邦》和安藤忠雄的《连战连败》。建筑家们在招投标竞争中，不仅有可能败给其他的建筑家，听说，最近可能会败给建筑业界中重视标准的建筑士。尽管如此，建筑家们还是为了改变某些东西而仍在继续挑战。

今年，获得被称作建筑界诺贝尔奖、普利茨克奖的坂茂，正在尝试在大地震的废墟上搭建纸制的临时建筑。坂先生近期出版的一本著作取名为《造房、造人》。的确，要想改变什么，首先是人的塑造。

渠遥译

图书在版编目 (CIP) 数据

从三个纬度看日本民法研究：30年、60年、120年 /（日）大村敦志著；渠涛等译 .—北京：中国法制出版社，2015.6
（法学名篇小文丛）

ISBN 978-7-5093-6468-0

Ⅰ.①从… Ⅱ.①大… ②渠… Ⅲ.①民法-研究-日本 Ⅳ.① D931.33

中国版本图书馆 CIP 数据核字（2015）第 130238 号

策划编辑：潘孝莉（editorwendy@126.com）
责任编辑：周庠宇（zxy7676@126.com）　封面设计：李　宁

从三个纬度看日本民法研究：30年、60年、120年
CONG SANGE WEIDU KAN RIBEN MINFA YANJIU: 30NIAN、60NIAN、120NIAN

著者 /（日）大村敦志
译者 / 渠涛 等
经销 / 新华书店
印刷 / 涿州市新华印刷有限公司
开本 / 850×1168 毫米 32　印张 / 6.25　字数 / 115 千
版次 / 2015 年 7 月第 1 版　2015 年 7 月第 1 次印刷

中国法制出版社出版
书号 ISBN 978-7-5093-6468-0　定价：25.00 元

值班电话：010-66026508
北京西单横二条 2 号　邮政编码 100031　传真：010-66031119
网址：http://www.zgfzs.com　**编辑部电话：010-66010406**
市场营销部电话：010-66033393　**邮购部电话：010-66033288**